MES FOUILLES

ARCHÉOLOGIQUES

AUX QUARTIERS

SAINT-MARCEL
(Actuellement Quartier de la Salpêtrière)

DU JARDIN DES PLANTES
(Ancien Quartier Saint-Marcel)

DE CROULEBARBE
(Ancien Quartier Saint-Marcel)

SUR L'EMPLACEMENT DE L'ÉCOLE DE MÉDECINE
ET RUE RACINE

Par

Eug. TOULOUZE

I. O

Conservateur du *Musée-Bibliothèque de « La Montagne Sainte-Geneviève et ses abords »*

Accompagnées de figures dessinées par l'auteur

* * *

PARIS
P. CHERONNET
Rue des Grands-Augustins, n° 19

1898

MES FOUILLES

ARCHÉOLOGIQUES

Extrait du tome 11 du *Bulletin de* « La Montagne Sainte Geneviève
et ses abords »

MES FOUILLES

ARCHÉOLOGIQUES

AUX QUARTIERS

SAINT-MARCEL
(Actuellement Quartier de la Salpétrière)

DU JARDIN DES PLANTES
(Ancien Quartier Saint-Marcel)

DE CROULEBARBE
(Ancien Quartier Saint-Marcel)

SUR L'EMPLACEMENT DE L'ÉCOLE DE MÉDECINE ET RUE RACINE

Par

Eug. TOULOUZE

I. ❦

Conservateur du *Musée-Bibliothèque de « La Montagne Sainte-Geneviève et ses abords »*

Accompagnées de figures dessinées par l'auteur

— ⁓⊶⊷⁓ —

PARIS

P. CHERONNET
Rue des Grands-Augustins, n° 19
—
1898

MONTDIDIER. — IMPRIMERIE BELLIN

SAINT MARCEL, EN 1550.

D'après un plan de l'époque.

(Planche 2)

1 Fausse porte Saint-Marcel.
2 Rue de la Reine Blanche.
3 Rue des Fossés Saint-Marcel ou rue des hauts fossés Saint-Marcel, aujour-
d'hui rue Lebrun.
3 bis Rue du Fer, rue des Jardins du Roy (aujourd'hui rue des Fossés Saint-
Marcel).
4 La Croix Clamart (emplacement occupé aujourd'hui par la fontaine Geoffroy-
Saint-Hilaire).
5 Rue du Fer à Moulin.
6 Pont aux Tripes.
7 id Coupeau.
8 Église Saint-Marcel.
9 id Saint-Hippolyte.
10 id des Cordelières.
11 Rue des Teinturiers.
11 bis Rue Saint-Hippolyte.
12 Rue de la Barre ou de la Barrière.
13 Porte de la Barre et rue des Francs-Bourgeois.
14 Rue des Cordelières.
15 Château de la reine Blanche ou des Marmousets.
16 Rue des Marmousets.
17 Rue Pierre Assis.
18 Rue des trois Couronnes.
19 Rue Pierre Lombard.
20 Rue du Petit Moine.
21 Rue de Lourcine.
22 Rue des Gobelins.
23 Rivière des Gobelins ou de Bièvre.
24 Saint-Médard.
25 Place de la Collégiale ou cloître Saint-Marcel.
26 Rue Saint-Marcel.

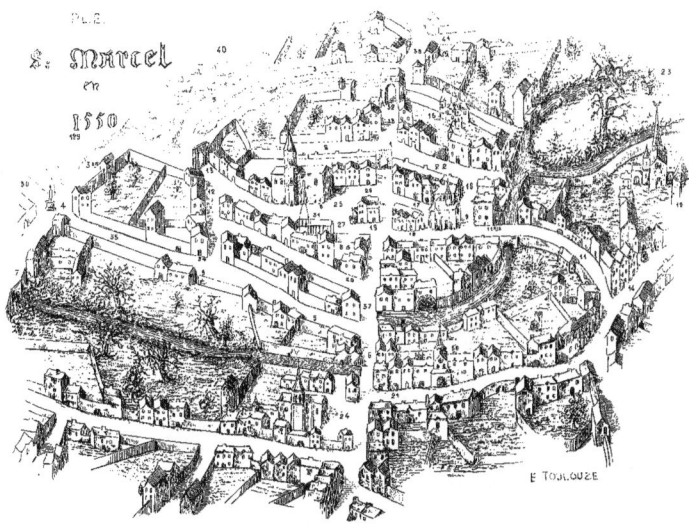

PL.E.

S. Marcel

en

1550

E TOULOUSE

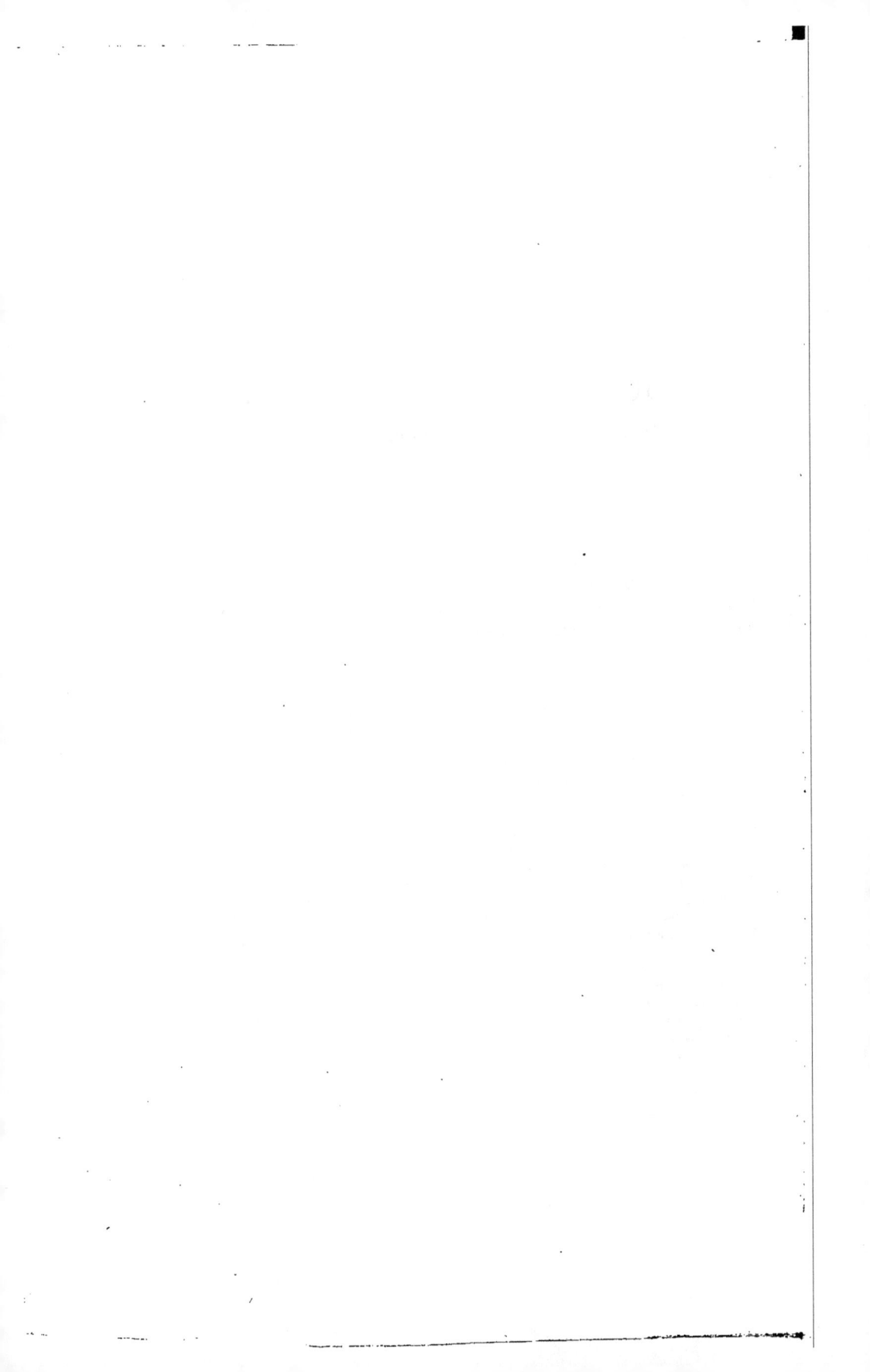

MES FOUILLES
AU QUARTIER SAINT-MARCEL

(Actuellement Quartier de la Salpétrière).

I

Dans un terrain vague, situé boulevard Saint-Marcel, près de l'ancienne rue Mouffetard (1), la vieille rue mémorable aux yeux de l'antiquaire, où quelques maisons gardent encore son cachet,

(1) Au XVIIᵉ siècle, cette partie de la rue Mouffetard, aujourd'hui avenue des Gobelins, se nommait rue de la Boucherie, nom emprunté à la boucherie de Saint-Marcel, située sur le bord de la rivière de Bièvre, à l'angle de la rue du Fer-à-Moulin et près du pont aux Trippes. Cet emplacement est occupé aujourd'hui par la maison portant le nº 1 de l'avenue des Gobelins.

Disons, à propos de cette boucherie, qu'au XVᵉ siècle tout boucher était tenu d'avoir constamment de la viande dans son étal ; il lui était défendu de tenir ses étaux ouverts passé 6 heures du soir, excepté les jours fériés et les samedis, où il pouvait rester ouvert jusqu'à dix heures ; d'ouvrir les fêtes et dimanches, excepté de la Trinité au 8 septembre à cause de la grande chaleur, de ne jamais ouvrir le jour de l'Ascension ; de vendre ou d'étaler les jours maigres ou le carême dans plus d'un étal sur dix pour les malades seulement ; il ne pouvait abattre sans en prévenir le lieutenant de police et sans acquitter le droit ; il ne pouvait non plus débiter de la viande cuite ni tenir un autre commerce que celui de la boucherie. Il lui était enjoint de ne débiter que de la viande d'animaux sains, tués et non morts de maladie, sous peine de payer une amende de cinq cents livres. Enfin les bouchers étaient tenus de ne point injurier les acheteurs, et il leur était défendu d'appeler les passants. Le maximum du loyer des étaux était fixé, par un arrêt de 1540, à 16 livres parisis, afin que les propriétaires ne pussent élever le prix du loyer, et forcer ainsi les étaliers à augmenter leur viande.

Nous n'avons rien de certain, je crois, sur l'organisation de la boucherie parisienne à l'époque gallo-romaine ; mais ce que nous pouvons apprendre au lecteur c'est qu'à l'angle formé par la rue de l'École de médecine, de l'Ancienne-Comédie et du boulevard St-Germain, nous rencontrâmes, dans une fouille exécutée en 1878, plusieurs tombeaux d'ossements et de cornes de bœufs mêlés à des ossements de mouton et à des fragments de poteries sigillées.

Nous pensons que cette agglomération d'ossements occupait la voirie d'un ancien abattoir de boucher de l'époque gallo-romaine.

1

quand à l'entour d'elles tout se transforme et se modernise, on voyait, il y a 18 à 20 ans, les ruines d'un monument religieux ayant appartenu à l'Église collégiale de Saint-Marcel. Les derniers vestiges de ce monument furent condamnés naguère à disparaître; ils devaient faire place à de nouvelles constructions élevées en bordure du boulevard St-Marcel, et à une nouvelle voie, la rue Antoine Vramant.

Une partie de la Collégiale ayant été explorée pendant les années 1868-1869, il importait de profiter des travaux de 1882, et d'en tirer des inductions utiles, pour diriger nos recherches à travers des ruines qu'on allait éparpiller aux quatre vents de l'horizon, et pour éclairer nos fouilles parmi les sépultures nombreuses qui enveloppaient l'église autrefois si vénérée des habitants de Paris. Tels furent, en effet, les premiers points de repère de nos propres découvertes.

Mais, avant d'exposer celles-ci, comme de simples témoignages documentaires, il semblera peut-être intéressant que nous donnions, en manière de préambule, un court résumé de l'hagiographie de saint Marcel, de la dévotion particulière qui s'attachait à son culte, et des conséquences de cette dévotion, par laquelle nous est expliquée d'abord la quantité considérable de sépultures qui se groupèrent autour de l'édifice consacré.

§ I.

L'Évêque Marcel naquit à Paris, d'une famille pauvre, vers la fin du IVe siècle, rue des Herbiers, dans la cité, près de Saint-Germain-le-Vieux. Cette église avait sa légende:

Au temps de sa fondation, elle fut placée sous le patronage de saint Jean-Baptiste. A l'approche des Normands dévastateurs, l'abbé de Saint-Germain-des-Prés avait fait translater à Saint-Jean-Baptiste les reliques de saint Germain; puis, le péril passé, les hommes du nord partis, il s'était empressé de réclamer la précieuse châsse. Mais le clergé de Saint-Jean-Baptiste n'y voulut octroyer qu'à la condition expresse qu'un bras du squelette serait détaché du corps et demeurerait à l'église qui lui avait servi d'asile.

Et voila comment celle-ci devait rester jusqu'en 1802, époque de sa destruction, sous la dédicace du saint, devenu manchot. La maison où Marcel vit le jour occupait sans doute l'emplacement où

Pl. 1.

S⸌ MARCEL

À TRAVERS ᴌᴇs ÂGES

PLAN

DES CHAMPS
DE
SÉPULTURES

SAINT MARCEL A TRAVERS LES AGES

PLAN DES CHAMPS DE SÉPULTURE

01 Avenue des Gobelins (Voie ouverte sous Napoléon III).
02 Boulevard Saint-Marcel.
03   id   Arago.
04   id   du Port-Royal.
05 Rue de la Collégiale.
06 Rue Ortolan (ouverte en 1882).
 1 Rue Pierre Lombard.
 2 Rue Saint-Marcel.
 3 Église Saint-Marcel (Collégiale).
 4   id   Saint-Martin.
 5 Cloître Saint-Marcel.
 6 Rue des Francs-Bourgeois.
 7 Rue de la Reine Blanche.
 8 Rue des Hauts fossés Saint-Marcel, aujourd'hui rue Lebrun.
 9 Ancienne rue du Fer, du Jardin du Roy et rue des Fossés Saint-Marcel.
10 La Croix-Clamart (à l'emplacement de cette croix s'élève la fontaine Saint
      Hilaire).
11 Cabaret des Maquignons, situé rue Geffroy Saint-Hilaire, en face de l'ancien
      marché aux chevaux et aux cochons.
12 Ancien marché aux chevaux et aux cochons.
13 Rue des Saussayes, aujourd'hui rue Poliveau.
14 Rue Geoffroy Saint-Hilaire.
15 Rivière des Gobelins ou de Bièvre.
16 Rue de la Muette, aujourd'hui rue du Fer à Moulin.
17 Rue du Fer à Moulin.
18 Place Scipion.
19 Rue de la Clef.
20 Pont aux Choux.
21 Pont Coupeaux.
22 Rue de la Barre ou de la Barrière, ainsi nommée en 1650 environ, aujour-
      d'hui rue Scipion.
23 Rue du Petit moine.
24 Pont aux Tripes.

25 Ancienne boucherie (existait sur ce point en 1652).

26 Cul de sac d'Entrelasse absorbé par l'avenue des Gobelins et par les nouvelles constructions élevées en 1882 et 1883.

27 Rue de la Boucherie, ensuite rue Mouffetard, aujourd'hui avenue des Gobelins.

28 Rue Moustar, rue Mouffetar, aujourd'hui avenue des Gobelins.

29 Rue Moustar, en 1792 rue Gautier-Renau, rue Mouffetard, aujourd'hui avenue des Gobelins.

30 Rue Croulebarbe, du nom de Jean de Croulebarbe, propriétaire du fief et du moulin de ce nom.

31 Ancienne culture hors Saint-Marcel, vignes, et plus haut, puits à extraire la pierre de taille.

32 Manufacture des Gobelins.

33 Jardins de l'ancienne propriété de la Reine Blanche ou des Marmousets.

34 Maison du XIVe siècle.

35 Rue de Bièvre, depuis rue des Gobelins.

36 rue des Marmousets.

37 Église Saint-Hippolyte.

38 Rue Pierre Assis.

39 Rue des Couronnes.

40 Rue des Teinturiers et rue Saint-Hippolyte.

41 Hospice Sainte-Marthe.

42 Rue de Valence.

43 Maladrerie Sainte-Valère (était encore là en 1700).

44 Terrains cultivés en prairies et en vergers.

45 Rue Pascal.

46 Ecole d'anatomie.

47   id   de la Ville de Paris.

48 Boulangerie générale Scipion, assistance publique.

49 Hypogée reconnue en 1885 et aqueduc au moyen âge, rue Hortolan.

A Sépultures chrétiennes.

B Sépultures mérovingiennes, carolingiennes et du moyen âge.

C Sépultures du moyen âge.

D Sépultures des XII, XIII, XIV, XVI, XVIIe siècles.

E Sépulture gallo-romaine, couvercle avec inscription fruste.

F Aqueduc du moyen âge. Hypogée.

se trouvait en 1230 celle de maître Anguerant de Parenty, docteur régent et chanoine de Paris : sur la porte de cette dernière, on remarquait, en effet, l'image représentant saint Marcel et sainte Geneviève, les deux protecteurs populaires de la vieille cité parisienne.

Aussitôt qu'il fut parvenu en âge, l'évêque Prudence l'ordonna lecteur, fonction assez semblable à l'office de conservateur ou de sacristain et qui consistait à lire les leçons aux enfants de chœur, à enseigner aux chantres à chanter les psaumes pendant le service divin, enfin à veiller à l'entretien de la décoration de l'Église. Et, dès lors, selon le langage du vieux temps, il commença « *à florir en miracle* ». Beaucoup de notables faits et belles actions miraculeuses sont attribués à Marcel. D'après le récit de Fortunat, sur le bruit de sa sainteté, les suffrages du peuple se réunirent pour le proclamer évêque de Paris.

Il mourut en 436 et fut inhumé dans la chapelle de saint Clément, où s'éleva plus tard l'église Saint-Marcel. Ses restes, enfermés dans un reliquaire, furent transportés ensuite à la cathédrale de Paris, afin d'être mis à l'abri des Normands, qui ravageaient les faubourgs de la ville. Lorsque les terribles pillards se furent éloignés définitivement, le clergé de Saint-Marcel se hâta de réclamer la châsse patronale ; mais, à son tour, le chapitre de Notre-Dame, renouvelant les débats, que nous contions tout à l'heure des deux paroisses de Saint-Jean-Baptiste et de Saint-Germain, refusa de restituer le dépôt sacré. On dit, néanmoins, sous toutes réserves, que la châsse, dont la matière était d'argent, fut convertie en monnaie pour les besoins du pays. Suivant la description d'un auteur ancien, elle était de vermeil doré, en forme d'église avec deux bas-côtés, couverte de fleurs de lys ciselées, d'appliques, dans des compartiments à losanges, dont les enfoncements étaient des lames d'or ; elle se montrait enrichie de plusieurs figures d'or émaillé avec un grand nombre de pierres précieuses. Ce n'est qu'à partir du Xe siècle que la *capsa*, petit coffre ou cassette destinée à recevoir les restes sacrés des bienheureux, prit la figure d'une église gothique, figure parfaitement appropriée, d'ailleurs, à cet usage remontant aux premiers siècles du christianisme. De même, en France, ce n'est que depuis saint Eloi, par qui l'art de l'orfèvrerie fut porté à un degré de perfection si étonnant pour l'époque, que ces petits monuments commencèrent à se répandre dans les églises d'une certaine importance.

On a vu des rois se faire suivre à la guerre par des châsses de saints vénérés.

Souvent Charles le Chauve, Louis IX et Charles IX revêtaient une dalmatique et portaient par les rues de Paris la châsse sur leurs épaules. Un nombre considérable de châsses fut détruit par les Normands. Aussi reste-t-il aujourd'hui fort peu de ces petites merveilles, dont une grande quantité appartenait au XIIIe siècle.

Aux siècles antérieurs, il était, en effet, très rare de voir une église qui ne possédât le reliquaire de son saint privilégié, auquel la croyance populaire attribuait le pouvoir de protéger la circonscription locale contre toutes espèces de fléaux : peste, famine, guerre, incendie, etc., ou d'en arrêter les tristes effets. Dès que s'abattait sur la ville une calamité (et Dieu sait si le cas était fréquent!) la châsse sortait du lieu saint, promenée en grande pompe à travers les rues par le clergé et sa suite, et suivie par une population confiante.

Plusieurs églises revendiquaient souvent la propriété des reliques du même saint.

On ignore à quelle époque remonte exactement la construction de la châsse de saint Marcel. On sait seulement que celle de sainte Geneviève fut refaite vers le milieu du XIIIe siècle.

La châsse de sainte Geneviève, l'inséparable de saint Marcel aux processions parisiennes les jours de calamités publiques, était supportée par quatre statues de vierges plus grandes que nature, et composée d'une infinité de détails en or et pierreries. Ce précieux monument fut saisi par le gouvernement révolutionnaire, et fut envoyé à l'hôtel des Monnaies, puis on dressa le procès-verbal suivant :

« Nous avons trouvé dans la caisse extérieure une caisse en « forme de tombeau, couverte de peau de mouton blanc et garnie « de bandes de fer dans toutes ses parties. Cette caisse a deux « pieds neuf pouces de long et quinze pouces de hauteur : elle « était soutenue avec du coton, sur lequel nous avons trouvé une « petite bourse en soie cramoisie, ayant d'un côté un aigle à « double tête et de l'autre deux aigles avec deux fleurs de lis au « milieu, brodés en or. Dans la bourse est un petit morceau de « soie dans lequel est enveloppée une espèce de terre. Dans le « cercueil il s'est trouvé deux petites lanières en peau jaune. Dans « une des extrémités, un paquet de toile blanche, attaché avec un

« lacet de fil ; dans ce paquet vingt-quatre autres paquets, les uns
« de toile, d'autres de peau, et plusieurs bourses de peau de diffé-
« rentes couleurs ; une fiole lacrymatoire, bouchée avec du chiffon
« et contenant un peu de liqueur brunâtre desséchée ; une bande
« de parchemin sur laquelle est écrit : *Una pars casulæ sancti Petri*
« *principis apostolorum*, et plusieurs autres inscriptions en parche-
« min, que nous n'avons pu déchiffrer. Ces vingt-quatre paquets en
« contenaient beaucoup d'autres plus petits, renfermant de petites
« parties de terre, qu'il n'est pas possible de décrire ; un de ces
« paquets, en forme de bourse, contient une tête en émail noir de
« la grosseur d'une petite noix, et d'une figure hideuse, dans la-
« quelle est un papier contenant une partie d'ossements.

« Un autre paquet de toile blanche gommée contenait les os-
« sements d'un cadavre et une tête, sur laquelle il avait plusieurs
« dépôt de sélénites, ou plâtre cristallisé (1) ; nous n'y avons pas
« trouvé les os du bassin. Nous avons aussi trouvé une bande de
« parchemin portant ces mots : *Hic jacet humanum sanctæ corpus*
« *Genovefæ* ; plus, un stylet en cuivre, en forme de pelle d'un côté
« et pointu de l'autre (2).

« Cette châsse a été réparée en 1614 par Nicole, orfèvre de Paris,
« elle est de bois de chêne très épais. Nous y avons remarqué une
« agathe gravée en creux, représentant Mutius Scœvola, brûlant
« sa main devant le tyran Porsenna ; au-dessous est gravé Cons-
« tantin... Sur une autre pierre on voyait Ganymède enlevé par
« l'aigle de Jupiter. Quelques-unes offraient des Vénus, des amours
« et divers attributs de la mythologie ».

Sainte Geneviève, décédée à plus de 80 ans, fut inhumée, suivant
Grégoire de Tours, dans la basilique de Saint-Pierre et Saint-Paul,
construite, ou tout au moins terminée par la reine Clothilde.
(S. Gregorii Turon., *Hist.*, lib. IV, Basilicam illam ipsa (Clotildis)
contruxerat, in qua Genovefa beatissima est sepulta (3).

(1) Dans nos recherches du champ des sépultures de la Collégiale de Saint-Marcel, que
nous publions ci-après, nous constatons la cristallisation violette d'un squelette, semblable à celle dont parle le procès-verbal.

(2) Très probablement une épingle, qui servait à relever la chevelure. Ainsi qu'il résulte
de nos découvertes, aussi bien à Paris qu'en province, les épingles étaient employées com-
munément aux premiers siècles de notre ère ; il n'y a donc rien de surprenant à ce que
cette mode de relever la chevelure avec des épingles de cuivre fût encore en usage à l'é-
poque où vivait Sainte Geneviève (Notre collection d'Antiquités parisiennes en renferme
plusieurs).

(3) Les magnifiques vitraux, bien connus, de Saint-Étienne-du-Mont se chargent de nous

Selon Frodoard, chanoine de Reims, au Xe siècle, il y eut, dans la cathédrale de Paris, un plus grand nombre de guérisons que dans les autres églises, alors que la terrible maladie des ardents, feu de St-Antoine ou feu sacré sévissait à Paris comme dans les provinces, joignant ses horreurs à celles de la misère affreuse et des famines successives, qui d'une action commune dépeuplaient notre malheureux pays. Ce témoignage ferait supposer que le corps de saint Marcel était alors dans l'église Notre-Dame et qu'il passait pour le meilleur protecteur de la ville contre la maladie des ardents. Il semblerait aussi que, dans les processions qui se faisaient à dessein de préserver Paris contre les fléaux, l'association des reliques de saint Marcel avec celles de sainte Geneviève fût nécessaire, du moins à partir d'une certaine époque. A l'appui de cette hypothèse, nous citerons le fait suivant : L'empereur Baudouin avait vendu à S. Louis la fameuse couronne d'épines. Les chapitres et monastères de Paris reçurent l'ordre de venir, en emportant avec eux leurs plus précieuses reliques, rendre hommage à la sainte couronne. Les chanoines de Sainte-Geneviève s'y refusèrent, alléguant que la châsse de la Sainte ne sortait pas de son église, à moins que celle de Saint Marcel ne vint l'y inviter.

Dans les jours calamiteux, les jours de peste, de disette générale, de pluies diluviennes ou de sécheresse prolongée, les châsses de Saint Marcel et de Sainte Geneviève allaient donc à travers la ville et les faubourgs, portées par des clercs, processionnellement accompagnées de l'évêque de Paris, du chapitre de la cathédrale, du prévôt des marchands, des échevins. La corporation des orfèvres était représentée à la cérémonie par six de ses membres qui, précédant les châsses, portaient le cierge en main et avaient couronne de fleurs en tête. Cette coutume existait encore sous Louis XIII. Les corporations ou communautés d'artisans privilégiés, qui possédaient quelque considération, envoyaient des délégués chargés de suivre la procession. La plus considérable d'entre elles, le corps

apprendre un passage de la légende de Sainte Geneviève : La sainte fille tient un cierge allumé, qu'un petit diable souffle, mais qu'un ange rallume aussitôt. A l'arrière plan Sainte-Geneviève est soufflétée par sa mère, qui, aussitôt, est frappée de cécité, suite de son action violente et imméritée ; aussitôt la patronne de Paris, prenant de l'eau du puits placé près de la maison (puits connu par ses miracles sous le nom de *puits de Nanterre*), elle guérit sa mère. Plus loin la protectrice de Paris est debout sur les murailles de la ville, couvrant Paris de sa sainte protection, contre le *Fléau de Dieu*, le vaincu d'Aétius.

des marchands, après avoir varié, avait fixé le nombre de ses délégués à six.

Dans ces cérémonies, on portait les deux châsses côte à côte, ayant grand soin d'empêcher leur contact ; autrement, selon la croyance populaire, les deux saints éprouvaient l'un pour l'autre une affection telle qu'après s'être touchés ils n'auraient plus voulu se séparer et rentrer dans leur église réciproque.

En 1535, nous voyons les châsses des deux saints figurer dans une procession solennelle, ordonnée par François Ier, pour affirmer le respect aux reliques, alors en butte aux dérisions des protestants. La promenade sacrée n'eut pas le résultat qu'on en attendait ; la puissance des reliques, souvent aidée par le hasard des circonstances favorables ou soutenue par l'obstination de la crédulité publique, se trouva cette fois, mise en défaut, et, pas plus que les persécutions royales, que les sentences ecclésiastiques, que la flamme des bûchers, elle n'eut la force d'arrêter la marche croissante de la Réforme.

(Fig. 1).

(Fig. 1 bis). Méreau à l'effigie de Ste Geneviève.

Nous avons le plaisir de présenter ici deux plombs religieux qui offrent le double intérêt et de rappeler la patronne de Paris et d'offrir l'image de sa châsse. Ces plombs, qui appartiennent au premier tiers du XVIe siècle, présentent dans le champ la figure en pied de la bienheureuse fille de Nanterre, tenant un cierge allumé de la main gauche, et un livre ouvert de la main droite ; on remarque un petit diable armé d'un soufflet avec lequel il éteint le cierge qu'un ange rallume aussitôt (Fig. 1 et 1 bis).

Au revers nous voyons la châsse gothique de la Sainte et au-dessous, en fort mauvais caractères anciens et mal gravés, la date de 1529. Ce plomb est très probablement un jeton de confrérie.

Nous publions encore une deuxième image religieuse de l'insé-parable de S. Marcel ; comme toujours nous voyons la patronne de Paris entre le petit diable qui souffle toujours le cierge et l'ange qui le rallume ; cette image, ainsi que l'indique la bélière, se por-tait suspendue sur la poitrine au moyen d'un cordon ou d'une chaînette (Fig. 2.).

(Fig. 2).

§ II.

Revenons à notre Saint. L'évêque Marcel fut donc inhumé, comme nous l'avons dit plus haut, au Ve siècle, dans une chapelle située sur une légère éminence, aujourd'hui disparue, par suite des travaux exécutés pour le percement de la rue Antoine Vramant et le côté gauche du boulevard St-Marcel. Des maisons se construi-sirent non loin de cette chapelle devenue église collégiale, et le village formé toucha bientôt à la rive droite de la Bièvre et à l'un des faubourgs de Paris. L'importance même de la population devint telle que l'église collégiale parut insuffisante, et, vers le XIIe siècle, une autre chapelle, sous le vocable de Saint-Martin, fut élevée en bordure de la place, connue aussi sous le nom de cloître de la collégiale de St-Marcel (Fig. 3).

Sous les Mérovingiens, dans le courant du VIe siècle, St-Marcel consistait donc en un petit oratoire, élevé sur le tombeau du Saint. L'historien Grégoire de Tours en parle comme d'une sépulture où se faisaient des miracles. Le défenseur de l'évêque Prétextat nous apprend que Ragnemode, évêque de Paris, atteint de la fièvre quarte, passa près du tombeau de S. Marcel une journée de jeûne, qu'il s'y endormit le soir, et se réveilla le lendemain complètement guéri.

Suivant un bien ancien usage, on raclait la pierre du tombeau du bienheureux, puis cette poussière, mêlée dans un verre d'eau, était absorbée religieusement. On dit encore qu'un curé de Beauvais, étant empoisonné, absorba la raclure du tombeau du Saint, il obtint une guérison prompte et radicale (1).

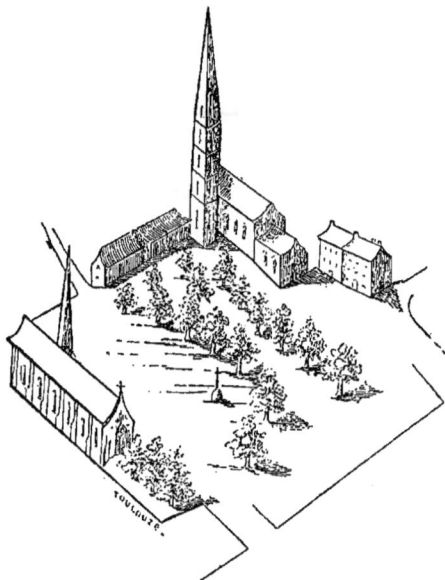

(Fig. 3). Place de la Collégiale de Saint-Marcel.

L'Église de Saint-Marcel existait au IXe siècle, desservie par un nombreux clergé. Ruinée par les Normands, elle fut reconstruite au XIe siècle. Il y a quelque quatre-vingts ans, on la voyait encore sur l'emplacement occupé aujourd'hui par les maisons por-

(1) Cette coutume de racler des pierres sacrées pour guérir les affligés existait encore il y a moins de 45 ans dans certains pays. La pierre de scellement d'une croix fixée en plein champ, au lieu dit *Saint-Nicaise* (territoire de Moret, voisin de St-Mammès, le village préhistorique exploré par nous) avait la réputation de guérir la coqueluche des enfants ; il suffisait pour cela de gratter la pierre et d'en faire avaler la poussière au petit malade.

tant les numéros 51, 53 et 55 du boulevard Saint-Marcel et les numéros 3 et 4 de la rue Antoine Vramant. Dans la décoration extérieure de l'église on apercevait, au siècle dernier, un motif sculpté en relief représentant Saint Marcel avec un taureau couché. C'était pour perpétuer le souvenir d'un notable miracle, qu'il avait accompli pendant son épiscopat. Un taureau en furie, rapporte la tradition, s'était échappé et répandait la terreur dans la ville. Quelques fidèles allèrent implorer l'assistance de l'évêque. Revêtu de ses habits pontificaux, le saint prélat s'avança à la rencontre de la bête furieuse qui, à sa vue, s'arrêta et se prosterna (Fig. 4).

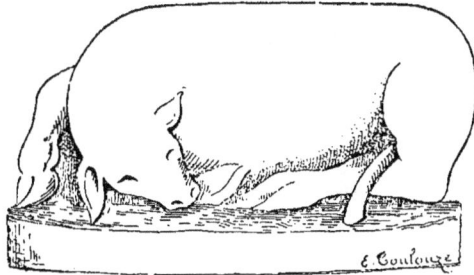

(Fig. 4). Le Taureau de Saint-Marcel (Musée de Cluny).

Saint Marcel, profitant de l'attitude du monstre, lui passa au cou son étole et le conduisit à travers la ville à la grande joie des habitants, à peine revenus de leur terreur. Aussi le peuple, en mémoire du miracle, avait-il la coutume de porter, aux processions des Rogations, un énorme monstre ou dragon d'osier, coutume qui fut observée jusqu'au commencement du XVIIIe siècle. La statue de Saint Marcel qui de nos jours encore se reconnaît, placée au milieu du trumeau de la porte méridionale à Notre-Dame et le montre foulant aux pieds un serpent ailé, semble aussi commémorer ce miracle, le point saillant de la légende du pieux évêque.

L'abbé Lebeuf regarde ce taureau comme une sorte de divinité du paganisme, d'autres savants croient reconnaître le taureau du zodiaque, d'autres enfin Mithra, dieu du soleil.

Si nous nous permettons d'émettre notre modeste conjecture, c'est que nous croyons nous trouver en face d'un travail barbare, d'un travail de décadence, aussi bien au point de vue de l'art du dessin que de l'exécution de la sculpture de la pierre même; de plus l'attitude du monstre est absolument celle que lui donne la légende ; pourquoi cette attitude ? S'il représente l'astre du jour, pourquoi ne le voyons-nous pas droit sur ses jambes dans l'attitude de fierté et de noblesse qui conviendrait à la divinité ? Rappelons-nous la légende » *il* (le taureau) *se prosterna aux pieds du saint évêque* »; nous le voyons en effet dans la position que lui donne la légende, les jambes de devant sont courbées, le mufle repose sur la terre, la queue entre les jambes touchant le sol semble indiquer le calme parfait de la bête. Puis enfin, coïncidence extraordinaire, ce taureau se trouve au pied du clocher de la Collégiale, dédiée au bienheureux ; nous savons bien qu'au commencement de notre ère un culte succédait à un autre culte, et cela sur le même point ; nous en rencontrons la preuve sur différents points de Paris, mais enfin, nous le disons encore, il y a là une singulière coïncidence avec la légende de S. Marcel.

C'est dans l'église de St-Marcel qu'on avait édifié le tombeau de Pierre Lombard, savant théologien, dit *le maître des Sentences*, qui mourut évêque de Paris, en 1164. Son épitaphe, composée par le chanoine Morel, était placée au milieu du chœur :

> Hic jacet Lombardus Parisiensis
> Episcopus qui composuit librum
> Sententiacum, glossas psalmorum
> et Epistolarum, cujus obitus dies
> est 13 cal. Augusti.

Ce Pierre Lombard avait joué, sans le vouloir, un rôle dont les conséquences furent longues et fâcheuses pendant une période de notre histoire. On en connaît les circonstances singulières :

Un concile venait de décider que « ceux qui porteraient de longs « cheveux seraient exclus de l'Église et qu'on ne prierait pas pour « eux après leur mort ». Cette décision sacrée sur la longueur de la chevelure semblait intéresser au plus haut point le bonheur de l'humanité !

Elle eut pour résultat, en France, de compromettre jusqu'à l'existence de la monarchie par les troubles survenus après le divorce de Louis VII et d'Éléonore d'Aquitaine. Sur les représentations de Pierre Lombard, Louis VII avait donné l'exemple de la soumission aux ordres du concile, en se faisant tondre les cheveux et raser la barbe. Cet excès de dévotion de la part du roi provoqua les plaisanteries de la reine Éléonore, qui déclara même, avec une légèreté mêlée d'un certain dédain, qu'elle avait pour époux non pas un roi, mais un moine. L'insulte parut grave, si grave qu'elle fut un des points principaux sur lesquels s'appuya le concile de Beaugency (1) pour casser le mariage de Louis VII. Aussitôt après son divorce, Éléonore donna, avec sa main, son bel héritage à Henri Plantagenet, duc de Normandie et comte d'Anjou.

On connaît les suites de cette union.

Le nombreux clergé de saint Marcel jouissait de grands privilèges; un des principaux était l'hérédité du canonicat. Une inscription funéraire, recueillie par nous dans les fouilles de l'église, se composait des mots suivants, d'une ortographe douteuse:

Ci Git pierre Le Coq
DES L'AGE DE 17. ANS CHAN
OINE DE St-Marcel Y EST
MORT LE 26 DECBRE 1736
AGÉE DE 84 ANS.
Requiescat IN PACE

Cette épitaphe est gravée sur un morceau de marbre blanc, mesurant 0m42 de largeur sur 0m24 de hauteur. Comme on peut le voir par ce monument, le clergé de St-Marcel devait se composer, sinon en totalité, du moins en partie, de chanoines héréditaires. Cette élévation aux honneurs et aux bénéfices du canonicat, avec pouvoir de les transmettre à leurs descendants comme bien patrimonial et séculier, était sans doute conférée aux fidèles généreux, dont les libéralités envers le clergé et la paroisse méritaient une telle récompense. Qui ne sait, en effet, que les seigneurs laïques possédaient un bon nombre de bénéfices ecclésiastiques: prieurés, abbayes, cures, évêchés même, qu'ils les faisaient valoir par des clercs peu favorisés sous le rapport de la fortune, et que ceux-ci prélevaient un droit pour le compte de leur patron ou suzerain sur le produit des sépultures, sur les bénédictions, les offrandes, les oblations, les baptêmes, etc. ?

(1) Le prétexte fut la parenté entre le roi et la reine.

La preuve fut faite par quelques seigneurs, qui étaient parents de la Reine.

Les archevêques de Sens, Bordeaux, Reims, Rouen, autres évêques et grands seigneurs composèrent le concile de Beaugency, qui s'assembla le mardi avant Pâques fleuries de l'année 1152.

Les chanoines devaient résider à la collégiale et chanter l'office divin aux heures fixées. Peu à peu cette règle se relâcha, et ils se firent remplacer par des chantres à gages qui louaient Dieu pendant leur absence, — quelle que fut, d'ailleurs, la raison de cette absence, motif nécessaire ou fantaisie de cabaret.

Les chapitres des églises collégiales jouissaient à peu près des mêmes privilèges que ceux des églises cathédrales. Les chanoines ne vivaient pas en commun. La dignité de chanoine a été souvent confondue avec la prébende; le temporel dominait dans celle-ci, tandis que le canonicat était plutôt une dignité spirituelle, donnant à son titulaire le droit de prendre place dans le chœur de l'église qui le comptait parmi les membres de son chapitre.

A l'époque où la collégiale de St-Marcel était dans sa période la plus florissante, on admettait comme principe que les mineurs de dix ans pouvaient briguer la dignité de chanoine; l'épitaphe de Pierre Le Coq paraît en être la preuve. L'abus ne devait disparaître entièrement qu'à la Révolution.

Ces privilèges du chapitre de la collégiale de Saint-Marcel sont affirmés par Étienne Cholet, dans ses *Remarques singulières de la Ville de Paris et de ses faubourgs*, au passage où il dit que « les « chanoines de St Marcel étaient dotés de plusieurs immunitez ». On verra ce chapitre faire partie des seize justices féodales ecclésiastiques (1) jusque sous le règne de Louis XIV, jusqu'en 1614 où, par un édit du mois de février, le monarque réunit au Châtelet ces diverses justices féodales.

Les dépendances de la Collégiale étaient étendues; on accédait à l'église par les rues Pierre Lombard, St-Marcel et des Francs-Bourgeois (2). La cour du cloître, plantée d'arbres, séparait l'église

(1) C'étaient : Les chapitres de St Marcel, St Benoit et St Merri, les prieurés de St Martin-des-Champs, du Temple, de St Denis de la Charte, de St Éloi, de St Lazare, de l'archevêché de Paris au Fort-Lévêque, de l'Officialité à l'archevêché, des chapitres de Notre-Dame, de l'abbaye de St-Germain-des-Prés, de Sainte Geneviève, de St Victor, de St Magloire et de St-Antoine-des-Champs.

(2) Pour être bourgeois de la ville, il fallait y avoir demeuré un an et un jour, s'être acquis l'estime publique. Une ordonnance du roi Philippe-le-Bel, de 1295, se charge de nous apprendre les conditions exigées du candidat.

Quiconque veut entrer en bourgeoisie doit aller, au lieu où il veut être reçu bourgeois, se présenter au prévôt du lieu, ou à son lieutenant, ou au maire du lieu, qui reçoivent bourgeois sans prévôt, et dire : « Sire je veux acquérir la bourgeoisie de cette ville, et suis apparellez de faire ce que j'en dois faire » ; alors le prévôt ou le maire, ou son lieutenant, en la présence de deux ou trois bourgeois de la ville, recevra sûreté de, l'entrée de la

St-Marcel de l'église St-Martin. Celle-ci était située à l'angle septentrional de la rue des Francs-Bourgeois, à l'endroit où se trouvent aujourd'hui les nᵒˢ 1, 2, 3 et 4 de la rue de la Collégiale, à quelques mètres du boulevard Saint-Marcel, dont les nᵒˢ 53, 55, 82, 84 et 86 sont construits sur la cour du cloître de la collégiale.

A droite et à gauche de ce boulevard s'étendaient des sépultures des Xᵉ, XIᵉ, XIIᵉ, XIIIᵉ, XIVᵉ et XVᵉ siècles. Les cours des maisons portant les nᵒˢ 27, 29, 31, 33, 35, 49, 51, 53, 55, 68, 70, 72, 74, 82, 84, et 86 renferment encore à même le sol des sépultures et des sarcophages en pierre, en plâtre plus rarement, et en plomb (ces derniers renferment des cercueils en bois de sapin ou de chêne). Le terrain des propriétés portant les nᵒˢ 37 et 47 n'a pas encore été fouillé.

Si l'on soulevait les pavés d'une partie de la rue Antoine Vramant, si l'on explorait profondément les cours des maisons particulières construites dans cette rue, on trouverait certainement des sépultures remontant au moyen âge.

On a rencontré aussi quelques sépultures au point de jonction de la rue de la Reine Blanche et de la rue Lebrun (ancienne rue des Hauts Fossés St-Marcel), vis-à-vis de la vieille maison qui formait l'angle saillant et a été démolie en mai 1884. Cette construction était une des plus anciennes de cette partie de l'ancien village de St-Marcel (Fig. 5.).

En 1668, l'évêque de Soissons et un protonotaire habitant le cloître St-Marcel furent chargés de faire la vérification de reliques, parmi lesquelles on reconnut celle de S. Fortunat, martyr, envoyée de Rome par le cardinal Ginetti.

L'expertise démontra que la tête du saint n'était qu'une effigie.

---

bourgeoisie, c'est-à-dire promesse de faire bâtir ou d'acheter, dans un an et un jour, une maison dans la ville de soixante sols parisis au moins ».

D'après une pièce publiée par M. Leroy, nous voyons les formalités remplies par un bourgeois de Paris, en mars 1308.

L'an de grâce 1308, le lundi après la Saint-Aubin, en mars, vint par devers nous Pierre Ausian de Versy, et aferma que il entendait à demourer à Paris, et vivre et mourir comme borjois et payer les tailles, les frais et les autres debites que li borjois de Paris paient et ont accoutumé à paier, et qu'il avait fet venir à Paris pour demourer et faire résidence sa fame et ses enfants, et que partie de ses biens, il fet venir, et le demourant il entend à faire venir ».

Les bourgeois de Paris ne relevaient que de la juridiction royale et jouissaient naturellement des droits et privilèges accordés par la coutume.

Les experts en restèrent là et ne procédèrent pas à l'examen des autres ossements, dont quelques-uns étaient en carton.

Sainte Geneviève. — Plomb religieux.

§ III.

Nous connaissons assez maintenant, par les détails qui viennent d'être fournis, l'importance de la Collégiale de St-Marcel et la

(Fig. 5). Une vieille Maison à Saint-Marcel.

ferveur de dévotion qu'inspirait le nom du bienheureux, au moyen âge, pour bien comprendre qu'on eût choisi, dans ce temps-là, comme champ de sépulture privilégié, les alentours de l'église placée sous la protection de l'ancien évêque de Paris.

Les peuples de l'antiquité attachaient une religieuse importance à l'inhumation de leurs morts. C'est la vieille tradition classique : l'âme de celui qui avait été privé de sépulture errait éternellement sur les bords du Styx, dont les eaux étaient considérées comme un poison mortel. Les Grecs et les Romains incinéraient le plus souvent leurs morts, et les cendres, recueillies pieusement, étaient renfermées dans des urnes en terre, en verre, ou plus rarement en bronze ou en pierre, dont la conservation était chose sacrée pour la famille. Dans une lettre écrite au peuple d'Antioche par Julien, on peut voir que cet empereur regardait comme un sacrilège le moindre attentat aux sépultures. « L'audace des profanateurs, y est-il dit, viole les sépultures et les tombeaux, quoique nos ancêtres aient toujours regardé comme le crime le plus énorme, après le sacrilège, l'action d'en enlever une pierre, d'y fouir, d'en arracher le gazon. Ils ne craignent pas d'en détacher les ornements pour décorer leurs salons et leurs portiques. Voulant donc empêcher que l'on commette de tels attentats, nous ordonnons que quiconque s'en rendra coupable soit puni comme ceux qui manquent de respect aux dieux mânes».

Constantin, dans une loi sur le divorce, reconnaissait à la femme le droit de se séparer de son mari, s'il avait commis le crime, odieux entre tous, de violer un sépulcre.

L'incinération, qui se pratiquait de la plus haute antiquité, se continua en France sous la domination romaine. Cette antique coutume offre sur l'inhumation un avantage considérable. La combustion complète des matières organiques du corps humain supprime le danger des miasmes insalubres, auxquels on attribue les épidémies épouvantables qui sévirent sur notre vieux Paris.

En présence des accidents réitérés dans les églises, l'ordonnance suivante fut promulguée par M. Etienne-Charles de Loménie de Brienne, concernant les sépultures (23 mars 1775):

« Les vénérables prévôts et chanoines de notre église métropo-
« litaine nous ont représenté que, contre l'esprit des saints canons,
« les sépultures se sont multipliées à l'excès dans cette église, et
« que l'air y est sensiblement corrompu par les exhalaisons fétides,
« que répandent des fosses peu profondes et rouvertes presque
« aussitôt qu'elles ont été fermées.

« Les mêmes représentations nous sont venues de plusieurs par-
« ties de notre diocèse ».

Ce mandement se termine ainsi :

« Les curés, vicaires et autres ecclésiastiques desservant les
« églises paroissiales, les fondateurs et patrons des dites et les sei-
« gneurs des paroisses pourront choisir dans les dits cimetières un
« lieu particulier pour leur sépulture ; même y faire construire à
« leur volonté une espèce de halle ou hangar, ouverte au moins
« de deux côtés, sous laquelle ils pourront être ensevelis.

« Article premier. — Nulle personne ecclésiastique ou laïque,
« de quelque qualité, état ou dignité qu'elle puisse être, ne devant
« être enterrée dans les églises, nous défendons à tous curés,
« vicaires et ecclésiastiques, séculiers ou réguliers, exempts et
« non exempts, de faire aucun enterrement dans les dites églises,
« même dans les chapelles publiques ou particulières, oratoires, et
« généralement dans les lieux clos et fermés ».

Ces défenses font le plus grand honneur à M. de Loménie. Les
dangers que présentaient pour la salubrité publique ces émanations
finirent cependant par attirer l'attention du haut clergé, qui ordonna,
d'accord avec les pouvoirs civils, que les inhumations auraient lieu
à l'avenir hors de l'enceinte des églises et même des villes.

Un terrible accident, qui arriva le 20 avril 1773, appela de nouveau
l'attention sur les dangers des inhumations dans les églises : Une
femme morte, d'une fièvre maligne, fut déposée dans une fosse
creusée près d'une autre où, le 4 mars, on avait enterré un homme
de forte corpulence. Pendant le travail du fossoyeur, le curé faisait
le catéchisme à 117 enfants, on venait de faire deux mariages auxquels assistèrent 27 personnes. Si on ajoute à ces nombres 20 personnes présentes à la messe, le vicaire, deux chantres, et deux
fossoyeurs, on voit qu'il y avait 170 personnes dans l'église, qui
respiraient les miasmes ce jour-là. Sur ce nombre, il y en eut 140 qui
devinrent malades et 25 qui moururent, parmi lesquelles le curé et
son vicaire.

A St-Germain-l'Auxerrois les exhalaisons à un moment furent
épouvantables, l'air y était infecté en été, au point que le séjour de
l'église était impossible aux fidèles.

La *Gazette de Santé*, dans son numéro du 10 février 1774, raconte
une aventure funeste arrivée aux habitants d'un village situé à 2
lieues de Nantes :

2

« A peine eut-on remué les cadavres d'une cave, dans laquelle on voulait enterrer le seigneur du village, qu'une odeur affreuse se répandit aussitôt dans l'église et quinze de ceux qui furent présents à ces obsèques en moururent. De ce nombre furent quatre malheureux paysans, qu'on avait chargés du soin de déplacer les cercueils ».

Malgré les inconvénients de l'inhumation, elle continua à se faire autour et même à l'intérieur des églises.

Le clergé seul, avant la Révolution de 1789, avait toute autorité sur les morts et refusait impitoyablement la sépulture dans le cimetière aux comédiens, aux duellistes, aux hérétiques, aux suicidés. Un seul exemple fera juger de cette autorité sans réserves, qui pouvait se porter aux dernières limites de l'arbitraire.

C'était en 1437. Une querelle s'éleva dans l'église des Saints-Innocents entre un homme et une femme ; celle-ci, cédant à un mouvement de colère, frappa d'un coup d'éventail le visage de l'homme, sur lequel apparurent quelques gouttes de sang. Cette légère blessure eut pour conséquence immédiate la fermeture de l'église, ordonnée par l'évêque. Pendant vingt-deux jours, toutes les cérémonies y furent suspendues, et aucun mort ne fut enterré dans le cimetière, dont les portes restèrent fermées.

Selon le *Journal de Paris* (règnes de Charles VI et de Charles VII), Denis Dumoulin fit également fermer le cimetière des Innocents pendant cent vingt jours. On n'y enterrait personne, on n'y faisait ni procession ni recommandation en faveur de personne. « L'évêque, pour en permettre l'usage, voulait avoir trop grande somme d'argent, et l'église était trop pauvre ».

Malgré les fiefs, souvent nombreux, qui constituaient la richesse de certains clergés, ceux-ci, avides d'argent, faisaient le trafic des choses religieuses. Ces abus se poursuivirent jusqu'au-delà du XVIᵉ siècle. Ainsi la sépulture était refusée à quiconque n'avait pas, par son testament, fait un legs au clergé de sa paroisse. Il en résultait que les héritiers, pour faire inhumer le défunt, demandaient la faveur de tester à sa place, ce qui d'ailleurs leur était accordé.

On prétend que certains curés s'opposaient à la vocation des individus qui voulaient se faire moines, s'ils n'avaient pas acquitté la somme qu'aurait rapportée leur décès à la paroisse ; leur raisonnement était logique : celui qui prononçait ses vœux était mort pour le monde et par suite devait payer le prix de son inhumation.

L'usage d'inhumer les morts dans les édifices religieux s'explique aisément par la croyance que les prières des prêtres avaient plus d'efficacité, étant dites près du corps de celui qui en était l'objet. De plus, la dépouille mortelle était moins exposée, dans ces lieux, à la violation et à la profanation. Constantin le grand fut le premier empereur qui voulut que sa dépouille mortelle fût conservée dans une église. Il choisit pour tombeau la basilique des Apôtres à Constantinople, et son exemple fut suivi, pour ce qui concernait Honorius, en Occident. C'est sans doute à partir de cette époque que les prêtres commencèrent à tirer profit de l'ambition et de la vanité des riches, en deçà et au delà de la tombe, et leur vendirent le droit à la sépulture dans le saint lieu et même dans le cimetière entourant l'église.

Un concile, de l'an 895, permit spécialement aux ecclésiastiques de se faire inhumer dans les églises. Plus tard un concile, tenu à Meaux, étendit cette prérogative aux laïques qui s'en rendraient dignes. Naturellement, c'était aux chanoines et aux prêtres de la paroisse qu'appartenait le droit d'assigner dans l'église les places pour les sépultures.

Le roi seul avait le droit de choisir, dans son royaume, l'église où devait être érigé son tombeau. C'est ainsi que Philippe Ier fut enterré, d'après sa volonté, au monastère de Fleury, appelé depuis abbaye de St Benoît, sur les bords de la Loire.

Louis XI, dont le culte pour la vierge était fort grand, préféra à l'église de St-Denis, Notre-Dame de Cléry, où furent déposés ses restes mortels. La crainte que son désir ne fût pas respecté par ses successeurs au trône lui fit solliciter et obtenir du pape Sixte IV une bulle d'excommunication contre ceux qui feraient exhumer son corps pour le transporter ailleurs. Le tombeau de ce monarque existe encore aujourd'hui dans l'église de Notre-Dame de Cléry.

Savoir où l'on serait inhumé, aux siècles passés, était une préoccupation grave ; les personnes riches surtout prenaient, de leur vivant, le soin de penser où elles reposeraient après la mort ; c'est ainsi que l'abbaye de Saint-Sauveur et de Saint Pierre de Preuilly fut construite par le seigneur Ecfrid de Preuilly, en l'an 1001, pour servir de sépulture à toute sa famille ; les religieux, qui y résidaient, avaient pour mission spéciale de prier pour le repos et le salut des seigneurs défunts.

Au XII⁰ siècle, Geoffroy-le-barbu, duc et marquis de Lorraine, voulut que des religieux fussent à l'avenir occupés nuit et jour à prier pour le repos de son âme. Pour atteindre son but, il donna à l'abbé de Ulierbec une de ses terres, afin d'y construire une abbaye.

Du reste, de pareilles fondations sont usitées de nos jours. Ainsi l'empereur d'Autriche a cédé à des religieux Meyerlink, le théâtre du drame qui n'est pas encore oublié, à la condition que les religieux prieraient pour son malheureux fils, l'archiduc Rodolphe.

Au XIII⁰ siècle, la fièvre des fondations va grandissant ; l'abbaye de Morimonde est fondée pour servir de sépulture aux familles d'Aigremont et de Choiseul.

Le sénéchal d'Angers et le seigneur Juhellus de Méduana firent construire, en 1204, les monastères de Bonlieu et de Fontaine-Daniel, au diocèse du Mans, pour en faire le tombeau de famille.

Les grands sarcophages en marbre, imités de l'antiquité grecque ou romaine, occupaient trop de place dans les nefs des églises ; on imagina alors un autre mode de décoration qui rappellerait le personnage inhumé et qui serait moins incombrant.

Ce nouveau monument fut la pierre tombale ne présentant aucune saillie et offrant de grandeur naturelle (le plus souvent) le personnage qu'elle était chargée de couvrir et de protéger ; le plus beau type dans le genre est certainement celui qui couvrait les restes de Frédégonde, placé aujourd'hui dans la crypte de la cathédrale de St-Denis, et qui primitivement était dans l'église de l'abbaye de St-Germain-des-Prés, à Paris.

Cette coutume de déposer des pierres tombales sur les morts remonte, comme on le voit, aux VI⁰ et VII⁰ siècles. On adopta généralement cet usage des pierres tombales, sur lesquelles on reproduisait, au moyen de la gravure en creux, les personnages en pied dont on voulait rappeler et perpétuer le souvenir; ces grandes dalles, taillées généralement dans de bonnes et belles pierres, formaient un pavage fort riche, très décoratif, ne gênant en aucune façon la circulation des fidèles dans l'église.

Pendant les XII⁰ XIII⁰, XIV⁰ et XV⁰ siècles les lapicides eurent fort à faire ; ces pierres sépulcrales se multiplièrent considérablement. Combien, dans nos campagnes, est-il de familles qui peuvent trouver des titres généalogiques sur ces monuments, dont les listels sont couverts d'inscriptions.

Nous connaissons de simples artisans, de modestes vignerons qui trouvent leurs noms gravés sur des pierres tombales du XV° siècle dans le modeste et très curieux village de Bagneux (Seine).

Avant l'inhumation des gens aisés dans les églises, les corps étaient confiés à la terre, reposant dans des cercueils en bois de chêne, et très souvent aussi en bois de chataignier. Il résulte de nos découvertes personnelles que les planches formant ces boîtes longues et massives ne mesuraient pas moins de 12 à 17 centimètres d'épaisseur, reliées par des clous en fer de 12 à 15 centimètres de longueur, à tête ronde de deux centimètres de diamètre. Cette coutume existait à l'époque ou la classe aisée s'offrait le luxe de sarcophages en pierre taillée dans le travertin tendre et quelque fois aussi dans le calcaire dur, tiré des carrières et galeries de l'ancienne Lutèce et probablement dans les flancs du *Mons Lucotitius.* A l'époque mérovingienne les sarcophages étaient souvent coulés en plâtre, bien façonnés, avec ornements en creux ou en reliefs (à la partie extérieure), en général la conservation de ces sépulcres est admirable, ce qui semble nous indiquer que le plâtre se conserve indéfiniment, s'il a été employé à temps, en un mot (et suivant les gens du métier) bien gâché.

La coutume d'inhumer dans des cercueils ou des sarcophages, dans nos pays, ne passa que lentement du paganisme au christianisme, ainsi que viennent l'affirmer nos recherches dans les cimetières païens, où nous rencontrâmes des fosses à incinérations, à côté de squelettes enfermés dans des cercueils en bois ou en pierre. Sans doute que quelques familles étaient restées fidèles à l'ancienne coutume après la domination romaine, puisque Charlemagne, dans ses capitulaires, aurait cru devoir interdire la crémation, sous peine de mort.

Les sarcophages des époques païennes et chrétiennes étaient couverts d'une grande pierre plate de la même épaisseur que le sarcophage. Elle ne portait jamais d'inscription faisant allusion à celui qu'elle était chargée de protéger, cela se comprend, puisque le cercueil était recouvert d'une couche de terre qui variait toujours d'épaisseur. A Saint-Marcel, dans nos fouilles, nous ne voyons que deux exceptions à cette coutume. Encore n'appartient-elle qu'à l'époque chrétienne ; un sarcophage fut découvert derrière l'église St-Martin (petite église qui dépendait de Saint-Marcel), en 1656, par un jardinier remuant la terre de son jardin. Voici l'inscription gravée sur le couvercle de pierre : VITALIS à BARBARA, *son épouse très aimable, âgée de vingt-trois ans. cinq mois, vingt-huit jours.* Touchante inscription qui rappelle l'amabilité de la jeune femme chérie ; c'était la sépulture d'une chrétienne, ainsi que l'affirmait le monogramme du Christ, placé entre l'Alpha et l'Omega.

Cette découverte fortuite correspondait très bien à ce que nous apprenait déjà Corrozet, dans ses *Antiquités de Paris* : « De nostre temps, écrit-il, avons trouvé des sépulcres au long des vignes, hors la ville Saint Marceau, et n'y a longtemps qu'en une rue, vis-à-vis de St Victor, en pavant icelle rue, qui ne l'avoit vue été, nous fust montré, au milieu d'icelle. un sépulcre de pierre long de cinq pieds ou environ, au chef et aux pieds duquel furent trouvés deux médailles antiques en bronze ».

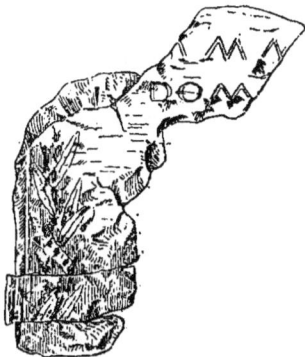

(Fig. 6). Fragment de Sarcophage antique.

A notre tour, nous avons extrait, dans les fouilles pratiquées en face du portail de Saint-Martin, un fragment de couvercle de sarcophage, sur lequel était gravé le monogramme suivant: J. H. S., ce qui veut dire sans doute, *Jesus hominum Salvator*. Cette sorte d'abréviation remonte à une haute antiquité. On en trouve de nombreux exemples sur les pièces de monnaies romaines, et aussi sur les pierres funéraires du moyen âge, rencontrées dans le sol parisien.

Aux nos 52 et 54 du boulevard St-Marcel, nous rencontrâmes un fragment de couvercle de sarcophage portant les lettres suivantes: M. M. DOM...., monument élevé à la mémoire de Dom.... Ce fragment est gallo-romain (fig. 6).

§ IV.

Être inhumé dans l'intérieur des monuments religieux était donc un privilège accordé aux gens riches et surtout aux hauts personnages et à la noblesse. Une autre classe de la société, de moins haute qualité, mais égale par la croyance, la bourgeoisie, obtint, à son tour, la faculté de reposer auprès des églises, dans des sarcophages en pierre, des cercueils de plomb ou de bois. C'est ainsi qu'autour de l'église collégiale de Saint-Marcel, l'enclos fut littéralement comblé. Quelques centimètres à peine séparaient les sarcophages qui y ont été découverts ; à la tête et aux pieds des grands sarcophages nous trouvâmes des cercueils d'enfants qu'on avait adaptés là en quelque sorte par économie de terrain, et comme si l'on avait craint d'en perdre la moindre parcelle. En un mot, les sarcophages, sur certains points, reposaient les uns sur les autres ; il n'y avait plus de terre (fig. 7).

(Fig. 7). Coupe du champ des Sépultures au cimetière Saint-Marcel (Collégiale).

Quand l'enclos fut ainsi rempli, la difficulté d'accorder la sépulture autour de l'église fut vite surmontée. On déposa les cercueils nouveaux sur les premiers, et un second étage se forma qui fut suivi d'un troisième et enfin d'un quatrième et dernier. Celui-ci arrivait à fleur du sol, on marchait dessus ; car il n'y avait pas de chemins tracés, ainsi que cela se pratique de nos jours dans nos cimetières.

Le point où les sépultures étaient le plus serrées était le pied du clocher (côté septentrional).

Ceux qui ne purent être inhumés près des murs de l'église collégiale, furent déposés dans les terrains enveloppés aujourd'hui par l'avenue des Gobelins, la rue Lebrun (ancienne rue des Hauts Fossés St-Marcel), la rue du Petit Moine et même la rue du Fer-à-moulin. Je puis affirmer que, dans le champ de sépultures entourant les deux églises de St-Marcel et St-Martin, on a découvert plus de huit cents sépultures, sarcophages en pierre, en plâtre et en plomb.

Je n'ai rencontré dans ces tombes que très peu de curiosités dignes d'être appréciées par l'archéologie. Trois sarcophages seuls, dans ce vaste cimetière, méritaient d'attirer l'attention de prime abord. Les deux premiers appartiennent à l'époque gallo-romaine ; leur origine put être constatée d'après une pièce de monnaie de l'empereur Probus et quelques fragments de *catinum* en terre grise qu'ils renfermaient. Ces sépultures paraissaient avoir été violées depuis fort longtemps. Le troisième sarcophage est de l'époque mérovingienne. Auprès du squelette qu'il contenait et qui était en très mauvais état de conservation, j'ai trouvé un petit *guttus* ou *unguentarium* en verre, ressemblant assez comme forme, comme couleur, à une petite fiole recueillie dans une sépulture mérovingienne à l'époque de nos fouilles particulières, lors de la reconstruction des nouveaux bâtiments du Collège Ste-Barbe.

J'ai rencontré ensuite, à ma grande surprise, à gauche de l'église, côté méridional du clocher, en partie dans l'épaisseur du mur et à sa base, un sarcophage en pierre admirablement taillée et à angles vifs ; l'intérieur était poli avec le plus grand soin, et le squelette était couvert d'une efflorescence de teinte violacée. J'ai constaté que les ossements étaient moins bien conservés que ceux recueillis par nous dans des fosses creusées à même le sol. Quelques fragments de cuir, portant encore des traces de dorures et provenant sans doute d'une ceinture qui entourait les reins du mort, tombèrent en poussière au contact de mes doigts.

A gauche du squelette, près du fémur, et dans la poussière même résultant de la décomposition du corps, des vêtements, et probablement des ingrédients nécessités par l'embaumement du mort, je trouvai une belle bague en or jaune avec chaton, contenant une pierre précieuse de couleur rouge carminée et de forme ovale, de 11 millimètres de longueur sur 8 de largeur. L'exécution de

ce bijou est fort belle, et fait le plus grand honneur à l'orfèvre ser-
tisseur qui en fut le fabricant. La plaque d'or formant fond et gar-
nissant la pierre a été martelée, et la trace du travail au martelet
est très appréciable. La monture ou sertissage est remarquable
comme épaisseur et rappelle le type, ordinairement massif, des
bijoux de l'époque carolingienne.

Un sarcophage en calcaire coquillier des XIe ou XIIe siècles nous
présente les restes d'un squelette chaussé de deux brodequins à
bouts arrondis d'une couleur brune rougeâtre décorés d'ornements
en or; nous en faisons un croquis; lorsque nous voulons enlever
ces chaussures, et cela très délicatement, le cuir tombe en parcelles entre nos doigts, les dites parcelles se brisent elles-mêmes et
se changent en poussière, ainsi qu'un carton carbonisé.

Ces souliers ressemblent absolument par leur forme au *calceolus*
que chaussaient les latins au moment de la destruction de Pompéï
(Fig. 8).

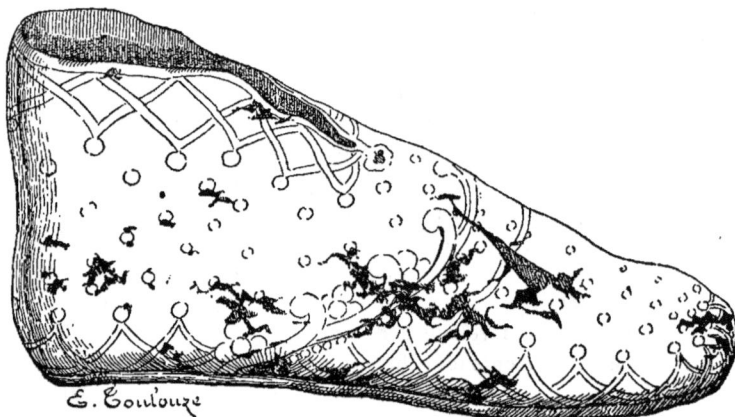

(Fig. 8). Chaussure du XIe ou XIIe siècle. Champ des Sépultures de Saint-Marcel.

A six mètres environ de l'angle méridional du clocher, non loin
de la sépulture dont nous venons de parler, nous remarquâmes
quelques sarcophages en belle pierre et quelques squelettes à même
le sol, devant appartenir aux XIIIe, XIVe et XVe siècles. Auprès
d'un sarcophage se trouvaient des poteries en terre jaune et grise,
flammulées et percées de petits trous destinés à faciliter la combustion du charbon et de l'encens. Au-dessous de ces sépultures, nous

vîmes un sarcophage en belle pierre dont le couvercle mesurait 35 centimètres d'épaisseur ; cette sépulture appartenait (en raison de sa position sous les autres sépulcres) très probablement au XIIᵉ siècle. Les ossements qu'il gardait furent recueillis. Leur teinte violacée, ainsi qu'une efflorescence assez semblable à des cristaux broyés, ou à des sels de magnésie, me donnèrent l'idée de les soumettre à l'analyse chimique.

Les os colorés en violet, soumis à l'analyse, ont donné les résultats suivants:

1⁰ Soumis à la calcination sur une feuille de platine, ils se décolorent. — La couleur n'est pas minérale.

2⁰ Les os traités par l'acide chlorhydrique sont privés de leur phosphate de chaux. — La matière restant sur le filtre soumise aux réactifs suivants donne:

Par l'acide chlorhydrique . . . . du rouge.
Par l'ammoniaque . . . . du bleu.
Par l'alun . . . . du rouge.
Par le cyanure de potassium . . du bleu.

La couleur est de l'orseille ou tournesol.

Nous pouvons induire de cette analyse, que le squelette du personnage découvert par nous tenait sa coloration de son contact avec la préparation de l'embaumeur; à ce moment l'embaumement se pratiquait sans méthode, sans connaissance chimique, tout était livré au hasard, à la fantaisie du praticien, qui opérait sous les inspirations du moment (Fig. 9).

Il faut arriver au commencement du XVIᵉ siècle pour connaître les diverses préparations des corps; à ce moment nous voyons qu'on enveloppait les morts de grandes plantes sèches fortement montées en parfum: le lupin, l'anis, l'absinthe, le fenouil, l'angélique, la menthe, puis des essences et des poudres de cardamome, d'anis, de fenouil, de cumin, de serpolet, de laurier, de basilic, de sariette, de gouliot, de camomille, d'origan, de lavande, de muscade, de girofle, de myrrhe (1), de cannelle, etc.

Des hommes connus, d'une valeur indéniable, prétendaient connaître des procédés pour la conservation des corps: Forestus, Ruisch, l'illustre anatomiste Hollandais, Van Horne, Ambroise

_____

(1) L'usage de la myrrhe était usité aux siècles passés, pour traiter la maladie des ardents, le feu sacré ou feu saint Antoine.

Paré, Thomas Bartholin, de Bils, etc., exposaient dans leurs cabinets des spécimens de leur savoir.

Voici, pris au hasard, un des moyens employés pour la conservation des corps. Pour commencer cette importante opération de l'embaumement, on faisait quelques entailles à la plante des pieds, afin de constater la mort du sujet que le préparateur devait embaumer. Ensuite il pratiquait une longue incision au moyen d'un bistouri depuis la partie supérieure du sternum ; il enlevait tous les organes contenus dans la poitrine, il ouvrait le ventre, en tirait toutes les parties ; puis il enlevait la langue, les yeux, la trachée et l'œsophage, les poumons, le cœur tiré de son péricarde — pour être embaumé séparément, — l'estomac, le foie, la rate, les reins,

(Fig. 9).

les membranes des intestins, les graisses, le sang, les sérosités, le cerveau. — Les éponges et autres objets employés à l'opération étaient déposés dans un baril pour être portés au lieu *destiné* ; quelques embaumeurs enlevaient les parties génitales.

Le chirurgien ouvrait le crâne avec la scie, le vidait de son cerveau ; puis son aide, l'apothicaire, entrait en fonction, il lavait *exactement* les cavités du crâne avec du vin aromatique et de l'esprit-de-vin. Ensuite il devait le remplir avec de la poudre, du coton, ou des *étoupes* imbibées de quelque baume liquide, de façon qu'il y ait plusieurs couches de cette poudre et de ces étoupes alternativement appliquées les unes sur les autres ; ensuite on devait rapprocher les os du crâne et recoudre la peau. Il frictionnait ensuite la tête avec des baumes liquides, et bassinait très souvent le visage avec les mêmes baumes, puis la tête était couverte d'une coiffe ou bonnet ciré. Après avoir insinué dans la bouche, les oreilles, le nez et les yeux, du coton imbibé et chargé de baume *en liqueur*, des huiles de girofle et de muscade, il lavait le bas-ventre avec le même vin aromatique, puis avec l'esprit de vin, enfin il devait le *farcir abondamment* de poudre et d'étoupes. Le chirurgien devait veiller surtout à ouvrir les veines, les artères, afin d'épuiser le sang ; des coups de bistouri étaient pratiqués aux mains, aux bras, aux cuisses, aux jambes, aux talons, aux bourses, puis, tournant le corps, le chirurgien devait appuyer le ventre et la face contre la table, puis il pratiquait des incisions longues et profondes dans les endroits charnus, de façon à ce qu'elles pénétrassent jusqu'aux os, et, lorsque les vaisseaux étaient vidés, l'apothicaire répandait une quantité de poudre dans toutes ces blessures, qu'on recousait ensuite avec l'aiguille. Pour bien conserver le visage, le praticien devait se servir de poudres fines de myrrhe, d'aloès et autres. Il devait frotter le corps, l'oindre avec un liniment composé par lui ; à mesure que l'apothicaire *activait* l'embaumement, le chirurgien appliquait des bandes de linge trempées dans le liniment, de façon *qu'elles soient une sorte de corset*, qu'elles fassent plusieurs *circonvolutions* les unes sur les autres pour tenir le corps serré, et empêcher les aromates de sortir du corps qui en était rempli ; ces bandes devaient commencer par le cou et finir aux pieds et aux mains ; elles devaient être longues et larges pour bander le corps, les cuisses, les jambes et les bras, mais étroites pour les doigts.

L'opération terminée, on mettait la chemise, on revêtait le mort des marques extérieures de ses dignités, puis on l'ensevelissait dans un drap de linge imbibé de liniment qui servait de sparadrap, on nouait les extrémités avec du ruban, le tout était enveloppé d'une toile cirée, qui était liée très étroitement avec de la corde. Puis on déposait le corps dans le cercueil ; le vide autour du corps recevait de la poudre avec des paquets d'herbes aromatiques sèches, on fermait, et on soudait avec tout le soin possible.

Le travail de l'embaumeur n'était pas fini, il devait continuer les mêmes préparations pour les viscères ; les poudres jouaient un grand rôle dans cette préparation : huile, essence de muscade, de girofle, de cannelle, teinture d'ambre gris, de musc, de civette, poudre de myrrhe, de benjoin, de styrax, d'aloès. — S'il s'agissait du cœur, il était frotté d'essences, puis enveloppé dans un taffetas de couleur : la couleur violette était celle des ecclésiastiques ; puis, il était enfermé dans un cercueil de plomb, ayant la forme du cœur.

On coupait les intestins en long, et bien lavés, on faisait des incisions aux poumons, à la matrice, puis on lavait toutes ces parties dans l'esprit-de-vin ; on les arrangeait dans un baril, au fond duquel on avait préalablement mis de la poudre, puis on déposait un lit de viscères, puis un lit de poudre ; ce baril était de plomb, qui, à son tour, était enfermé dans un baril de bois.

Les viscères du roi de France Henri III furent confiées à un baril de bois. Il n'y a pas de petite économie.

Afin de mieux saisir les différents systèmes de l'embaumement, nous mettons sous les yeux de nos lecteurs, les procès-verbaux de l'embaumement du pape Alexandre VI et de Mme la Dauphine.

EMBAUMEMENT DU PAPE ALEXANDRE VI.

Le ventre fut ouvert jusqu'à la poitrine, en ayant bien soin de ne pas percer les intestins ; on les sortit du corps, ainsi que le foie, la rate, le cœur, les poumons, les reins, la langue ; on les lava, et après les avoir incisés, on les plaça dans un vase. On épongea soigneusement le corps pour le sécher ; on lava ensuite l'intérieur avec de l'eau-de-vie ; on épongea de nouveau, et l'on répéta jusqu'à quatre fois cette opération ; on remplit enfin le ventre d'une poudre, composée de myrrhe, d'aloës succotrin, de santal, de bois d'aloès, d'aloès caballin, de suc d'acacia, de macis, de noix de galle, de musc, de cumin, d'alun calciné, de sang-dragon, de bol d'Arménie, de terre sigillée, — du tout, parties égales.

On mit successivement dans le ventre une couche de cette poudre et une couche de coton, jusqu'à ce que cette cavité fût remplie. Après l'avoir cousu, ils remplirent la bouche de cette poudre, ils trempèrent ensuite du coton dans un mélange fait avec du baume et un blanc d'œuf, et en bouchèrent l'anus, les oreilles, la bouche et le nez ; ils enveloppèrent ensuite le corps d'un sparadrap, fait avec de la cire et de la térébenthine.

Procès-verbal de l'embaumement fait pour Mme la Dauphine
par M. Riqueur, apothicaire du roi
et de cette princesse, accompagné de M. son fils aîné,
reçu en survivance en la charge
d'apothicaire du roi.

Cet embaumement s'est exécuté avec tout le désintéressement, l'habileté et la prudence qu'on a pu désirer, en présence de M. d'Aquin, alors premier médecin du roi; de M. Fagon, premier médecin de la feue reine, et qui l'est présentement du roi; de M. Petit, premier médecin de monseigneur le Dauphin, de M. Moreau, premier médecin de feu madame la Dauphine; de M. Félix, premier chirurgien du roi; de M. Clément, maître chirurgien de Paris et accoucheur de la dite princesse. M. Dionis, son premier chirurgien, opérait, étant aidé de M. Baillet, chirurgien ordinaire, et d'un autre chirurgien commun; Madame la duchesse d'Arpajon, sa dame d'honneur, Madame la maréchale de Rochefort, dame d'atour, et plusieurs femmes présentes (quel spectacle pour des dames!).

Description du baume fait pour Mme la Dauphine

Racines d'iris de Florence, 3 livres.

Souchet, 1 livre 1/2.

Angélique de Bohême, gingembre, calamus aromatique, aristoloche, de chaque 1 livre.

Impératoire, gentiane, valériane, de chaque 1/2.

Feuilles de mélisse, basilic, de chaque 1 livre 1/2.

Sauge, sariette, thym, de chaque 1 livre.

Hysope, laurier, myrrhe, marjolaine, origan, de chaque 1/2 livre.

Auronne, absinthe, menthe, calament, serpolet, jonc odorant, scordium, de chaque 4 onces.

Fleurs d'oranger, 1 livre 1/2.

Lavande, 4 onces.

Semences de coriandre, 2 livres 1/2.

Cardamome, 1 livre.

Cumin, caris, de chaque 4 onces.

Fruits et baies de genièvre, 1 livre.

Girofle, 1 livre 1/2.

Muscade, 1 livre.

Poivre blanc, 4 onces.

Oranges séchées, 3 livres.

Bois de cèdre, 3 livres.

Santal citrin rose, 2 livres.

Ecorces de citron, d'orange, de

cannelle, de chaque 1/2 livre.
Styrax, calamite, benjoin, oli-
ban, de chaque 1/2. livre.
Myrrhe, 2 livres 1/2.
Aloès, 4 livres.
Sandaraque, 1/2 livre.

Esprit-de-vin, 4 pintes — de sel,
4 onces.
Térébenthine de Venise, 3 livres.
Baume de copahu, 1/2 livre.
Baume du Pérou, 2 onces.
Toile cirée.

Le cœur, après avoir été vidé, lavé avec de l'esprit-de-vin et desséché, fut mis dans un vaisseau de verre avec cette liqueur ; et, ce même viscère, ayant été ensuite rempli d'un baume fait de cannelle, de girofle, de myrrhe, de styrax et de benjoin, fut enfermé dans un sac de toile cirée de sa figure, lequel fut mis dans un cœur ou boite de plomb, qu'on souda aussitôt pour être donné à Madame la duchesse d'Arpajon, qui le mit entre les mains de monseigneur l'évêque de Meaux, premier aumônier de feu madame la Dauphine, qui le porta ensuite au Val-de-Grâce. L'ouverture du corps fut faite le plus exactement qui se puisse par M. Dionis, son premier chirurgien ; M. Riqueur remplit toutes les capacités d'étoupes et de baume en poudre. Les incisions furent faites le long des bras jusque dans les mains, lesquelles furent munies de cette poudre aromatique, après qu'on eut exprimé tout le sang et qu'on les eut lavées avec de l'esprit-de-vin ; on en fit autant aux cuisses, qui furent incisées de part et d'autre depuis les reins jusque sous les pieds, et le tout fut proprement recousu. On se servit d'une grosse brosse pour frotter le corps d'un baume liquide et chaud, fait avec de la térébenthine, du styrax et des baumes de copahu et du Pérou, comme il est dosé ci-devant. Chaque partie fut enveloppée avec des bandelettes trempées dans l'esprit-de-vin ; l'on mit autant que l'on put de la dite poudre aromatique entre le corps et les bandelettes.

Le corps fut revêtu d'une chemise et d'une tunique religieuse et environné d'autres marques de dévotion particulière, comme d'une petite chaînette de fer, au bout de laquelle il y avait une croix, que cette princesse gardait dans un coffre, qu'elle avait fait apporter avec elle de Bavière. On l'enveloppa ensuite dans une toile cirée, et on lia fort étroitement, pour être posé dans un cercueil de plomb, au fond et autour duquel il y avait quatre doigts du dit baume en poudre. Ce cercueil étant bien soudé, fut enchâssé en un autre de bois, tous les espaces vides ayant été remplis d'herbes aromatiques séchées. Les entrailles, bien préparées, furent mises dans un baril de plomb avec une grande quantité des mêmes poudres aromatiques ; on le souda bien et on l'enferma dans un baril de bois.

Que pouvons-nous dire de ces mutilations épouvantables ? sinon qu'elles devaient faire frémir les parents, les amis témoins de ces préparations odieuses, de cette violation irrespectueuse et sauvage des restes de la personne aimée. Ces entailles profondes, l'extraction de tous les organes, ce vide complet du corps, les pertes de sang, l'ouverture du crâne, l'action de retirer la cervelle et de recoudre le tout, les bains dans la saumure et l'alcool, le lavage et l'ouverture des intestins, l'enlèvement des parties génitales, toutes ces diverses opérations devaient faire reculer d'horreur la famille, devant le travail du médecin, qui ressemblait plutôt au charcutier préparant un porc qu'à un homme appartenant à la science.

Nous devons ajouter que toutes ces opérations de l'embaumeur étaient sans valeur, sans résultats satisfaisants, car, malgré les poudres, les alcools, nous ne retrouvâmes jamais, dans nos fouilles, un gramme de chair conservée, mais des squelettes en fort mauvais état de conservation (1).

Nous pouvons affirmer que les restes humains confiés à la terre dans un modeste cercueil de sapin, de chêne, ou de chataignier, étaient invariablement mieux conservés ; nous voulons parler des squelettes appartenant à l'époque païenne, chrétienne et du moyen âge.

Mais, revenons à notre Collégiale, à la base du clocher et de ses fondations, qui étaient massives, construites en excellent mortier et pierres calcaires prises dans les carrières des environs ; ces ruines si bien conservées étaient tellement en harmonie avec ces débris de toutes sortes, que l'impression, éprouvée par ceux qui assistaient aux démolitions, était imposante et solennelle au plus haut point.

Dans cette fouille funèbre, où tout retraçait l'image de la mort, où les pierres tumulaires étaient si rapprochées les unes des autres

(1) Un seul sujet fait exception, et c'est seulement après 20 ans de recherches que nous trouvons, dans une des cryptes de chapelle de l'Église de Saint-Nicolas du Chardonnet, des restes humains qui présentent des ossements couverts de la chair, des muscles et de la peau ; nous devons encore signaler une particularité sur ce même sujet, c'est qu'il possède ses poumons fort bien conservés, ayant une ressemblance très grande avec une éponge usée par un long service (Recherches faites en novembre 1898).

qu'elles semblaient former une sorte de pavage à la partie supérieure du sol, on voyait des débris de squelettes semés dans les terres, rayées par les roues des voitures ; des fragments de colonne, des sarcophages brisés, transformés en moëllons devant se convertir en matériaux de construction de nouvelles demeures pour les vivants, après avoir été le dernier logis des morts.

En continuant nos recherches non loin de l'église, nous découvrons, à quelques mètres de la rue de la Reine Blanche, un sarcophage en pierre tendre. Sur le sternum du squelette se trouvait un christ en bronze sur croix de même métal et sans aucune apparence d'altération. Au-dessus de la tête de ce christ on lisait (J. N. R. J.) c'est-à-dire, *Jesus Nazaræus rex Judæorum*.

En 1880, on pouvait voir encore quelques murailles en ruines et quelques fondations à fleur du sol de l'ancienne Collégiale. Elles étaient dans un terrain couvert de mauvaises herbes, qui servait au remisage de quelques voitures de travail. Un gardien et sa chèvre, seuls habitants de ces ruines, occupaient une petite maisonnette, construite en planches sur le champ des sépultures, et couverte de vignes sauvages. Aujourd'hui, tout a disparu. Il ne reste plus rien de l'église, et le sol lui-même est occupé par des constructions à la mode du jour.

§ V.

Dans une fouille, exécutée, le 28 juin 1885, sous la cour de la maison portant le n° 3 de la rue Antoine Vramant, je reconnus

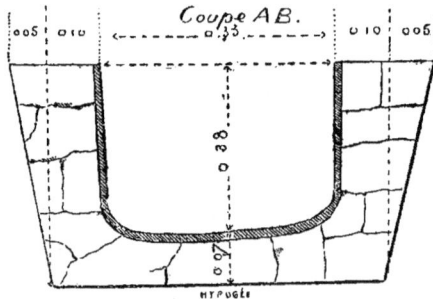

(Fig. 10). Cimetière de la Collégiale de Saint-Marcel.
Coupe de l'hypogée.

quatre sarcophages d'adultes, taillés en forme d'auge, plus larges aux épaules qu'aux pieds ; tous étaient tournés vers l'Orient. Mais une particularité, unique dans nos fouilles parisiennes, fut constatée dans ce champ de sépultures ; nous voulons parler d'une sorte d'hypogée bâti en moëllons scellés en plâtre. Les dimensions de cette construction funéraire étaient celles des sarcophages en pierre et en plâtre de l'époque mérovingienne ; au fond, se trouvait un

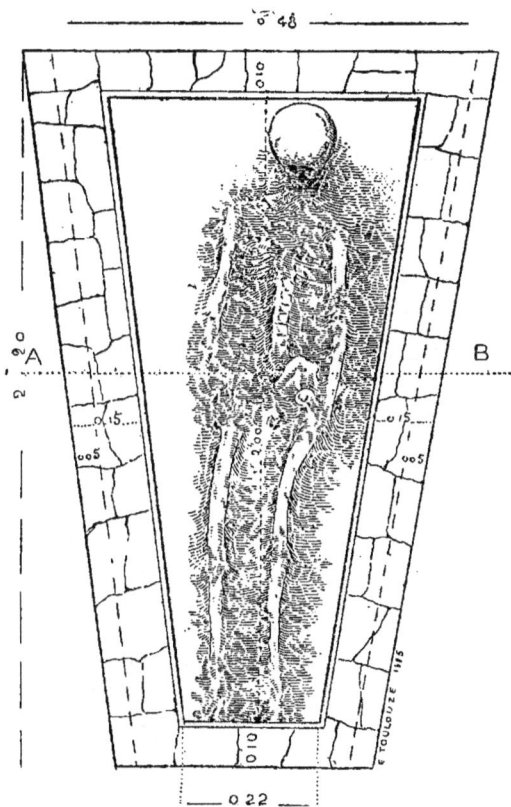

(Fig. 11). Ensemble de l'hypogée. — Cimetière de la Collégiale de Saint-Marcel.

radier enduit de plâtre, ayant la forme du corps et dans lequel reposait un squelette en bon état de conservation ; cette sépulture était couverte par de larges pierres irrégulières protégeant les restes du mort contre les terres qui le recouvraient (Fig. 10 et 11).

Suivant mes recherches, je crois pouvoir affirmer que cette coutume de construire des sarcophages en moëllons n'exista jamais à Paris; il en résulte que nous ne devons voir ici qu'une fantaisie ou peut-être une économie de la part de la famille du mort (cette sépulture doit appartenir au XIVᵉ siècle). Deux monnaies en argent furent recueillies près de cette sépulture :

1º *Louis X le Hutin — Croix*. Sur le bord de la pièce, on lit : LUDOVICUS REX. Revers : TURONUS CIVIS. Cette obole ne se rencontre pas souvent.

2º La deuxième semble appartenir à *Charles IV dit le Bel* : monogramme royal, GRACIA D — REX.

Nous connaissons un méreau de la collégiale de St-Marcel, que nous nous faisons un plaisir de publier ici (Fig. 12) ; le lecteur con-

(Fig. 12). Méreau de la Collégiale de Saint-Marcel.

naîtra l'emploi de ces plombs, par notre description de ceux trouvés par nous dans nos recherches rue Racine (Voy. ci-après).

Comme on le voit par la figure ci-dessus, l'avers présente dans le champ la crosse flanquée des lettres S M, et au-dessous la date de 1578 ; le revers : une ancre. Saint Marcel, nous le savons, n'est pas caractérisé par une ancre, mais on sait que l'église de Saint-Marcel honorait les reliques de saint Clément ; il n'y a donc rien de singulier à ce que les méreaux de la Collégiale présentent cet attribut, qui était celui de ce pape, en si grande vénération à Saint-Marcel.

Ci-dessous une variété du précédent, qui présente à son sommet une étoile à 6 pointes (Fig. 12 bis).

(Fig. 12 bis). Méreau de la Collégiale de Saint-Marcel.

A la Collégiale de Saint-Marcel étaient attachés de nombreux fiefs, répartis dans de nombreuses communes, Vitry, Thiais, Ivry,

Laï, etc. Les chanoines possédaient aussi une partie du clos Bruneau (celui de la montagne Sainte-Geneviève), où se cultivait la vigne (c'est au milieu de ce clos qu'ont été ouvertes les rues des Carmes, Saint-Jean de Beauvais et d'Écosse). Ce nom ancien de Bruneau appartient encore aujourd'hui à une petite rue de ce vieux quartier. En 847, le clergé de Saint-Marcel possédait une terre près d'Essonne. La nomination d'un titulaire à la cure de Sintry (*Sintrium*), suivant une ordonnance du roi Robert, de 1029, fut réservée au chapitre de Saint-Marcel, lorsque Sintry fut détaché de Péré. Des provisions de 1480 et 1482 portent *de patronatu ou de præsentatione S. Marcelli*. Une bulle du pape Adrien IV conféra, au XIIe siècle, au chapitre de Saint-Marcel le droit de nommer à la cure d'Ivry, et ce même pape confirma la concession de l'église de Vitry faite par un évêque de Paris au clergé de Saint-Marcel.

Aux XIIIe et XIVe siècles, on cultivait la vigne à Saint-Marcel, sur la hauteur hors les murs de la ville, et où s'élève aujourd'hui la mairie du XIIIe arrondissement. Cette petite montagne s'appelait jadis *Mons Glandiolus*, si l'on s'en rapporte à un diplôme de Henri Ier, de 1033. Ce nom n'était pas encore éteint au XVIe siècle, car un acte daté de 1507 fait mention de trois arpents de vignes sis au sentier de *Glandeul* et faisant partie de la censive de Saint-Marcel.

On peut prouver qu'en 1243 on cultivait aussi la vigne dans les terrains qui environnent les propriétés du seigneur Jehan de Croulebarbe, dont le nom est resté à un moulin (on en voyait encore les ruines il y a quelques années seulement) et à une rue. Ce moulin de Croulebarbe fit partie d'un fief, qui a appartenu au chapitre de Saint-Marcel. La propriété de ce fief fut pendant quelque temps entre les mains des moines de l'abbaye de Saint-Martin-des-Champs, comme on peut le constater par cet extrait du registre de Bertrand de Pibrac, prieur de Saint-Martin, où il est dit : « Nous avons à « Saint-Marcel, près Paris, une certaine place sise près du chemin qui conduit de Saint-Marcel à Gentilly, tenant d'une part audit chemin et de l'autre à la terre de Jean de Croulebarbe ». On l'appelait le fief des Reculettes.

En 1668, le chapitre de la Collégiale de Saint-Marcel revendiqua la propriété du fief des Reculettes. Le procès se termina par une transaction après expertise amiable. Au mois d'avril de la même année, les moines de Saint-Martin cédèrent aux chanoines de Saint-Marcel, tous leurs droits sur les fiefs de la Butte-aux-Cailles (point bien connu, de nos jours, dans le XIII° arrondissement) et des Reculettes, moyennant une redevance, qui pourrait être amortie suivant quittance de 6340 livres 1 sou et 8 deniers, à la date du 25 avril 1697. Voici la description du moulin telle qu'elle a été faite dans une reconnaissance de propriété, datant de 1785 : « En conséquence et pour satisfaire à la demande de MM^{rs} de Saint-Marcel, mes dits sieurs du chapitre de Saint-Martin-des-Champs ont par ces présentes déclaré qu'ils sont propriétaires et possesseurs du moulin de Croulebarbe, bâtiments et jardins en dépendant, le tout consistant en un corps d'hôtel où est ledit moulin ayant une cuisine, une *sale* et un fournil, un petit grenier lambrissé au-dessus du fournil, un grenier au-dessus de la *sale*, une écurie et une petite *sale* à côté, un grenier sur l'écurie et un *poulallier* dans la cour, deux jardins, dont l'un de deux toises de long et cinq toises de large d'un bout et de trois toises de large de l'autre bout ; l'autre de neuf toises de long et de six toises de large d'un bout et de cinq toises de large de l'autre bout, le tout tenant du levant à la rue de Croulebarbe, du couchant au clos le Prestre anciennement dit Payen, appartenant au sieur Neubours, du midy au sieur Nebours, et du nord au pont de Croulebarbe auquel le moulin fait face et par lequel il a son entrée ; que lesdits moulins et bâtiments sont en la seigneurie du chapitre de Saint-Marcel, comme cessionnaire des droits du chapitre de Saint-Martin-des-Champs ». Ainsi l'emplacement du moulin et de la propriété de Saint-Marcel sont parfaitement déterminés.

Le couvent des Cordelières de Saint-Marcel possédait une rente sur ce moulin depuis la transaction de 1668, et, avant cette date, la rente frappait une terre du voisinage : « la rente d'un muid et demi de froment sur huit harpens de terre près du moulin Croulebarbe », dit un titre de 1648.

Remarquons, en passant, puisque nous parlons de moulins et de grains, que les habitants étaient obligés d'aller porter leur pâte au four banal, sous peine d'amende et de confiscation ; la cuisson de la petite pâtisserie était seule autorisée chez le bourgeois. Les fours les plus importants étaient, à Paris :

Le four banal de l'abbaye de Saint-Germain-des-Prés, situé rue du Four Saint-Germain,

Le four l'Évêque, four Franc ou four Gauquelin, rue de l'Arbre Sec ; il était la propriété des évêques de Paris au XII° siècle,

Le four Saint-Martin, du nom de son propriétaire, le prieuré de Saint-Martin-des-Champs,

Le petit four de l'église Saint-Hilaire a donné son nom à la rue du Four Saint-Jacques (XIIIe siècle),

Le four de la Couture ou four l'Évêque a donné son nom à la rue du Four Saint-Honoré,

Le four des Barres était la propriété des religieux de Saint-Maur, qui en firent l'acquisition vers le milieu du XIVe siècle.

Le moulin de Croulebarbe était connu en 1214 ; il existait encore au commencement de ce siècle. Il en reste aujourd'hui quelques bâtiments qui menacent ruine et qu'on peut voir à deux mètres en contre-bas de la rue Corvisart, ancienne rue du champ de l'Alouette, en face de la rue Croulebarbe.

Le clos Le Prestre ou Payen était séparé du moulin Jean de Croulebarbe par la rivière de Bièvre (1), autrefois appelée rivière des Gobelins.

La Bièvre avait jadis la réputation qu'elle a conservée. Ses eaux ont toujours été sales et boueuses (depuis l'établissement d'industriels sur ses rives), ce qui a fait dire à Claude Le Petit :

> Ne faisons pas icy le cancre
> Et passons viste ce ruisseau ;
> Est-ce de la boue ou de l'eau ?
> Quoi ! c'est le seigneur Gobelin !
> Qu'il est sale ! qu'il est vilain !
> Je crois que le diable à peau noire
> Par régal et par volupté
> Ayant trop chaud en purgatoire
> Se vient icy baigner l'esté.

Il y a quelques siècles, la Bièvre était terrible quand elle sortait de son lit. Jean Pinard, libraire au XVIe siècle, qui nous a laissé le récit d'un de ses débordements, n'aurait pas décrit d'une autre sorte l'irruption d'un fleuve impétueux, d'un torrent : « L'an 1579, le mercredi huitième jour du mois d'avril, sur les onze heures avant la minuict, le temps était trouble et donna de grandes pluies ; la rivière de Gentilly (la Bièvre) se gonfla et déborda subitement dans la prairie et dans une grande partie du faux-bourg, qu'il n'y a mémoire d'hôme qui se puisse souvenir de semblable, etc ; même

(1) Ancien nom du castor, qui peuplait les bords de cette petite rivière.

les dames d'une abaye située faux-bourg Saint-Marcel, nommées les Cordelières, ont fait raport que icelle nuict se sont trouvées oppressées des eaux en faisant le divin office comme ils ont coutume de faire toutes les nuicts à l'heure de minuict, se voyant oppressez ont sonné les cloches, l espasse de trois heures durant pour et icelle fin que le peuple des faux-bourg vint au secours pour faire passage à la grande abondance d'eaux qui les oppressait, et, voyant qu'il n'y avait autre secours, moins la miséricorde de Dieu, ont fait procession par trois fois portant la vraye croix qu'ils ont dedant leur église avec un chapelet de saint Claude, ont plongé ces reliques pressieuses par trois fois dedant la dicte eau, et incontinent elle s'est retirée de leur église ».

Et plus loin ledit Pinard ajoute : « Dedans faux-bourg il y a en somme de vingt à vingt-cinq personnes, tant hommes, femmes et petits enfants morts et de blessés, estimés de 30 à 40 personnes. Ladicte eaux a abatuz douze maisons, plus le pont et moulin aux Tripes, près de Coppeaux, plus la dicte eaux a noyé plusieurs bestes à cornes, pourceaux et autres bestes, plus la dicte eaux a gâté plusieurs jardins et autres choses, est estimé de perte dans ledict faux-bourg Saint-Marcel la somme de soixante mille escuz ».

Le peuple appela ce sinistre le déluge Saint-Marcel.

§ VI.

Les débordements de la Bièvre remontent à une époque fort éloignée; et c'est probablement derrière les marais qui en étaient résultés que le chef gaulois Camulogène s'était retranché, en attendant Labiénus, détaché par César contre Lutèce.

Dans ses Commentaires, César nous apprend la marche de son lieutenant, mais il n'indique pas l'endroit exact où il attaqua les Gaulois; et ce problème historique n'a pas été fixé d'une façon définitive, même par Quicherat, que l'on suppose à tort l'avoir résolu.

Labiénus, après avoir laissé ses bagages dans la capitale des Sénons (Sens), sous la garde des renforts venus d'Italie, marcha avec quatre légions sur Lutèce. Aussitôt arrivé, il s'occupa des travaux d'approche (Comment. Cæsar., lib. 2, § 12), et commença par pratiquer un passage à travers les marais qui défendaient fortement les abords de la Seine. On sortait de la saison d'hiver et les eaux, plus hautes à cette époque de l'année, avaient débordé. L'armée gauloise était forte des troupes des peuples voisins qui s'étaient joints aux Senons et aux Parisii pour repousser Labiénus (Comment. Cæsar., lib. 7, § 57). Jugeant la position inabordable (1), le général romain remonta la Seine jusqu'à Melun, où il trouva un pont et des bateaux, qui lui permirent de se transporter avec son armée sur la rive droite du fleuve.

D'après Quicherat, le savant archéologue, les légions romaines avaient été arrêtées sur la rive gauche par les Gaulois, retranchés derrière les marais produits par les débordements de la rivière de l'Orge, non loin de Juvisy.

Cette opinion me paraît contestable et je pense qu'il y a lieu d'admettre plutôt la version tirée des Commentaires de César et prise au pied de la lettre : « Labiénus, dit-il, aussitôt *arrivé*, com- « mença à faire ses approches à la faveur des mantelets et à cons- « truire un passage à travers les marais », — ce qui veut dire, selon nous, que le général romain était venu presque sous Lutèce, défendue par l'armée gauloise, dont l'attitude vigoureuse l'avait obligé à reculer.

En apprenant le retour des ennemis par la rive droite, Camulo- gène coupe toute communication entre les deux rives de l'île Lutécienne, et vient camper en face des Romains. C'est alors que Labiénus conçut un plan, qui réussit d'ailleurs parfaitement. Cin- quante bateaux, enlevés à *Melodunum*, sont confiés par lui à des chevaliers romains avec ordre de descendre le cours de la Seine, dans le plus grand silence et à la faveur de la nuit jusqu'à une dis- tance de quatre mille pas au-dessous de Lutèce.

Puis, il ordonne à cinq cohortes de remonter le fleuve, en faisant beaucoup de bruit pour attirer de ce côté l'attention des Gaulois. Il laisse la garde de son camp à cinq autres cohortes, et, à la faveur d'un orage, il descend lui-même à la tête de ses légions le long de la Seine, qu'il traverse sur ses bateaux. En apprenant le passage des Romains sur la rive gauche, les Gaulois divisent leur armée en trois corps ; le premier reste en face du camp ennemi, le second, le plus faible, est envoyé en amont du fleuve, et le troisième se porte à la rencontre de Labiénus.

(1) Il y a tout lieu de penser que Camulogène et ses guerriers étaient sur la hauteur de la butte Sainte-Geneviève, qui était défendue naturellement, de ce côté, par les marais qui s'étendaient sur l'emplacement du Jardin des plantes et de l'Entrepôt des vins.

Le combat eut lieu et fut acharné. Nos pères durent céder. L'épée et la lance de bronze furent vaincues par le glaive et le pilum de fer. Camulogène périt en brave avec un grand nombre de ses guerriers. Ceux qui trouvèrent un refuge sur les hauteurs échappèrent seuls au massacre (Comment. Cæsar.).

Cette bataille fut livrée probablement dans la plaine avoisinant les villages de Grenelle, d'Issy et des Moulineaux.

§ VII.

Mais revenons au quartier Saint-Marcel.

Sur la rive droite de la Bièvre, à gauche de la rue Croulebarbe, s'élèvent des hauteurs dominant le clos Leprêtre ou Payen et le champ de l'Alouette, et d'où l'on peut voir un tableau assez curieux, avec le clocher de Montrouge au centre, à gauche l'Observatoire, à droite le Panthéon et le Val de Grâce, et au fond le dôme des Invalides.

Les terrains faisant partie des domaines de Saint-Marcel ou ses abords étaient cultivés en vignes et en blé jusqu'à Ivry et Gentilly. Une vieille chanson intitulée *Les Valets de Gentilly*, nous rappelle la fête qui avait lieu au 19 novembre, jour de St Saturnin.

> A Gentilly Saint Saturnin
> Il sera mercredi la feste,
> Venez, il y a du bon vin
> Pour mettre cornes en teste.

Il est bien à supposer qu'aux jours de fêtes, si multipliés jadis, les Parisiens se rendaient au village de Saint-Marcel pour y boire le vin léger, récolté dans les vignes qui recouvraient une partie du champ de sépultures.

On fabriqua à Saint-Marcel, au XVIIe siècle, une sorte de bière, dont la vogue y attirait les Parisiens. Comme on le pense, du reste, l'eau de la Bièvre n'entrait pour rien dans la composition de cette boisson, qui donna lieu au couplet suivant, d'une expression un peu brutale.

> On a beau, vantant l'escalatte,
> Dire qu'auprès des Gobelins
> Le Tibre avecque trois moulins
> Ne fait que traîner la savate :
> Qu'on rende, si l'on veut, le Nil

En comparaison de luy vil,
Pour moi, n'en déplaise à la bière,
Je ne puis estimer ses eaux
Ny prendre pour une rivière
Un pot de chambre de pourceau.

On versait aussi en abondance dans les cabarets du quartier Saint-Marcel une liqueur, fameuse surtout aux XVᵉ et XVIᵉ siècles : c'était l'hydromel, breuvage fait d'eau et de miel fermenté, comparable à d'excellent vin blanc d'Espagne ou d'Italie, d'une finesse de goût qui surprend le buveur.

En y ajoutant quelques plantes pectorales, les anciens en faisaient une boisson curative contre les affections des poumons.

Pline le jeune, dans une de ses lettres adressées à Septitius Clarus, lui dit qu'il avait préparé à son intention du vin miellé et de la neige (sorte d'hydromel).

L'ancien palais du Louvre avait un lieu affecté à la fabrication de cette boisson, toute royale.

Le miel fermenté, dit un auteur du XVIIᵉ siècle, « avec de l'eau simple fait une boisson, nommée *mulsa* par les latins et hydromel par les Français, qui est très usitée en Lithuanie, Moscovie et autres pays septentrionaux, où il n'y a point de vin et beaucoup de miel. Cette boisson est forte et on n'en sçaurait boire une demi-mesure sans être yvre ».

Enfin l'hypocras (*vinum hippocraticum*), dont l'origine est fort ancienne, était livré, là comme ailleurs, à la consommation parisienne vers les XIVᵉ, XVᵉ et XVIᵐᵉ siècles. On le servait dans de petits et de grands pichets. On le faisait avec du vin et des essences, et la variété en était considérable. Cette boisson a disparu vers le milieu du XVIIIᵉ siècle.

Mais nous nous laissons aller à des digressions, qui risqueraient de nous entraîner trop loin de notre sujet. Revenons à nos enquêtes archéologiques dans le sous-sol parisien.

II

QUARTIER DU JARDIN DES PLANTES

(Ancien quartier Saint-Marcel)

Autour d'une Église antique, dédiee à saint Martin.

§ I.

L'église Saint-Martin, dont nous allons parler et qui n'existe plus aujourd'hui, s'élevait en bordure de la place de la Collégiale, à l'extrémité septentrionale de la rue des Francs-Bourgeois. Cette vieille rue, à l'origine, n'était qu'un chemin tortueux et resserré, où la circulation ne se faisait que très difficilement et où les accidents funestes ne se comptaient plus. Elle traversait le bourg de Saint-Marcel, dont le territoire ne faisait pas partie de Paris, conformément à l'arrêt du Parlement, du 16 novembre 1296. Suivant certains auteurs, les habitants de Saint-Marcel, exemptés des taxes auxquelles étaient soumis les habitants de Paris, auraient donné à la rue leur nom de Francs-Bourgeois. Du 25 janvier au 10 février 1882, il nous fut donné d'assister au travail d'arrachement des grosses murailles de fondations, qui seules étaient restées (fig. 14).

Les murs extérieurs mesuraient une largeur variant entre 1^m20, 1^m40, 1^m45 et 1^m80. C'est vers la façade que cette dernière largeur fut constatée. A la droite du monument, il y avait trois contre-forts extérieurs de 0^m40, et l'on a pu reconnaître une longueur de murailles de plus de dix mètres. D'après les recherches que j'ai faites, je pense que l'église Saint-Martin n'avait jamais eu de crypte.

Dans la terre remuée, à l'intérieur des murs, j'ai trouvé une sorte de petite ampoule ou bouteille à deux anses en terre, cuite à une haute température, et recouverte d'un émail jaune et rouge. La partie de la gravure teintée en gris est en émail rouge sur l'original. Cette petite poterie doit appartenir au XVIᵉ siècle (fig. 15). Nous devons mentionner aussi une autre poterie, assez semblable comme terre.

A droite du massif de maçonnerie, j'ai rencontré des sépultures, pouvant appartenir aux XIIIᵉ et XIVᵐᵉ siècles. Les cercueils contenant les ossements étaient en bois de chêne ou de chataignier, et

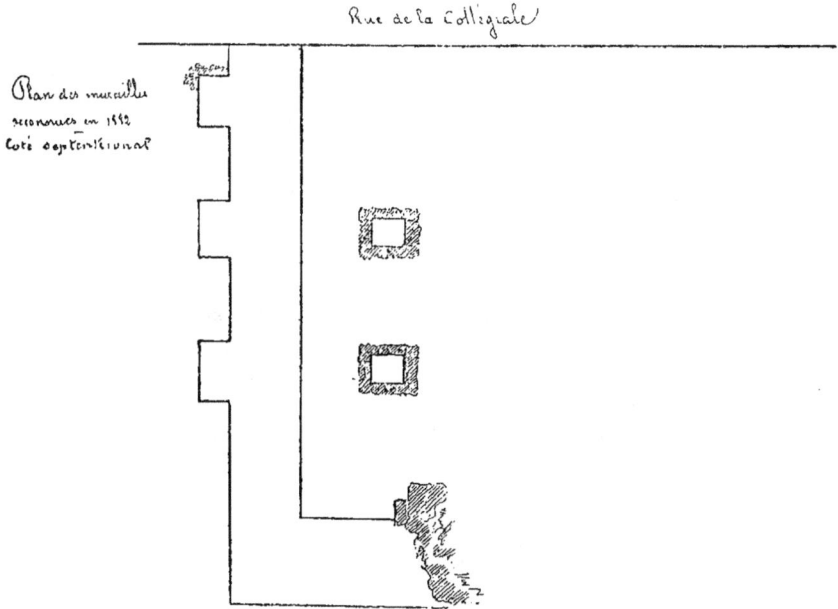

(Fig. 14). Façade de l'église Saint-Martin.

les planches, d'une épaisseur de 0ᵐ12 à 0ᵐ14 centimètres, avaient été réunies au moyen de clous de 0ᵐ14 à 0ᵐ15 de longueur. Auprès d'eux, à la tête, aux pieds et quelquefois aux flancs des squelettes, se trouvaient de petites poteries à flammules rouges peintes de haut en bas. Elles étaient percées de petits trous destinés à activer la combustion du charbon et de l'encens qui brûlaient près du mort, pendant les prières et les derniers chants funèbres (fig. 16). La cérémonie terminée, ces petits pots à anse étaient abandonnés près du cercueil; c'est ainsi que cela se pratiquait aux XIIe et XIIIe siècles et peut-être au commencement du XIVe. Ce genre de poterie de terre grise ou jaunâtre, avec ou sans anse, était faite d'argile lavée, cuite à une faible température. La contenance du

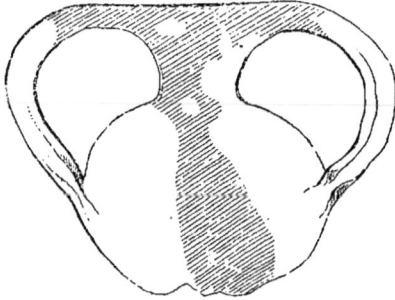

(Fig. 15).

vase variait suivant sa destination. Les petites poteries sacrées, dont je viens de parler, avaient une capacité de 50 à 75 centilitres ; mais j'en ai trouvé d'autres de même nature, dont la contenance était de 3 à 5 litres. Celles-ci portaient la trace évidente du feu, ce qui semble indiquer qu'elles servaient aux besoins domestiques. Il y en

(Fig. 16).

avait aussi en forme de pichet. Les poteries sans anses sont les plus rares et aussi sont d'une contenance plus grande. Leur décoration se compose, ainsi que les premières, de raies rouges ferrugineuses, disposées de haut en bas par groupes de cinq, six ou sept raies ; elles ne portent aucune trace de vernis ou couverte. L'usage de ces poteries était fort répandu à Paris, aux XIIᵉ, XIIIᵉ et XIVᵉ siècles, dans l'usage domestique (figures 17, 18).

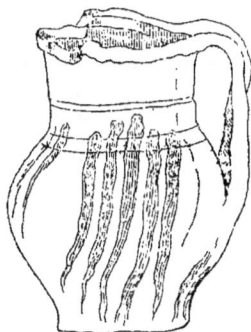 

(Fig. 17).   (Fig. 18).

§ II.

En 1880, 1881 et 1882, je découvris plus de 80 sépultures du moyen âge derrière l'église Saint-Martin. A droite, rue de la Collégiale, sous les maisons portant les numéros 6 et 8 j'en trouvai 22 ; sauf quelques sarcophages en pierre tendre, toutes étaient de simples fosses creusées dans la terre. Sous les nᵒˢ 5, 7 et 9 de la même rue, s'alignaient 16 sarcophages en pierre, qui avaient dû être profanés à une époque déjà lointaine. Sur l'emplacement du cul-de-sac d'Entrelasse (voy. le plan de Saint-Marcel) en cette partie de la rue Mouffetard qui se nommait, au XVIIᵉ siècle, rue de la Boucherie, non loin de la rue du Petit-Moine, et aux numéros 5, 7, 9, 11, 13, 15, 17 et 19 de l'avenue des Gobelins, m'apparurent une quantité considérable de sépultures appartenant probablement jadis au cimetière de Saint-Martin. Cette partie du quartier Saint-Marcel n'a pas donné lieu à des découvertes archéologiques importantes, surtout en céramique. Ce n'est que de l'autre côté de l'Avenue des Gobelins, aux nᵒˢ 6, 8, 10, 12, 14, 16 et 18, que j'ai trouvé des poteries de couleur rouge, gris perle ou noire, et de la verrerie de différentes nuances, qui appartiennent à l'époque chrétienne, c'est-à-dire aux IVᵉ et Vᵉ siècles (Nous en redirons quelques mots par la suite).

Sur le côté méridional de l'église Saint-Martin et en bordure de la place de la Collégiale, se rencontra à même le sol une sépulture, dont les ossements étaient en parfait état de conservation.

A droite et à gauche de la tête, et près du pied droit du squelette, j'ai trouvé de petites poteries flammulées, qui contenaient du charbon et de l'encens. Les pieds étaient chaussés de brodequins en cuir rougeâtre qui, malheureusement, tomba en poussière ; et une sorte de lanière en cuir mince de même couleur était appliquée sur le sternum, sans doute par le poids de la terre.

A côté de ces ossements, je fis la découverte d'une médaille intéressante. Elle est en cuivre rouge martelé et a un diamètre de 4 centimètres.

Dans un cercle concentrique à celui du bord extérieur, mais de moindre rayon, se trouve l'image de saint Nicolas, tête mitrée et nimbée, gravée au burin. Le saint est représenté dans ses vêtements épiscopaux, tenant son manteau de la main droite et, de la gauche, la crosse. A ses côtés se trouvent des ceps de vigne, et à droite est le saloir des petits garçons qui, selon la légende, furent ressuscités par lui après avoir été dépecés et salés par leur bourreau. Entre le cercle formant grènetis et le cercle du bord extérieur de la médaille, on lit très facilement la légende suivante : ORA PRO NOBIS SANCTE NICOLAE.

Cette médaille est percée de trois petits trous d'un millimètre de diamètre, qui devaient servir à l'attacher au moyen d'un fil sur une ceinture ou sur les vêtements. Personne n'ignore que saint Nicolas est le patron des jeunes garçons ; au moyen âge, il patronnait encore la corporation des tonneliers ; il était aussi honoré par les metteurs à port, les rouleurs et les déchargeurs de vin, les jaugeurs. On le fêtait le 6 décembre et le 6 mai, à l'église Saint-Bon, où était le siège de la corporation des tonneliers, dont les statuts, remontant à Charles VII, furent confirmés par François Ier. L'apprentissage du métier durait cinq années ; le brevet coûtait 50 livres et la maîtrise 300. En tenant compte de ces détails, il demeure assez probable que la sépulture où fut trouvée notre médaille était celle d'un maître tonnelier ou d'un marchand de vin.

Puisque nous venons de décrire cette intéressante médaille relative à une corporation connue de vieille date à Paris, il ne sera peut-être pas hors de propos de placer ici quelques réflexions générales et de faire remarquer, par exemple, l'esprit de caste qui régnait autrefois dans les corps de métiers. Assez généralement, les fils succédaient à leur père et restaient, de génération en génération, dans la corporation, où l'on jouissait d'une certaine indépendance. Nous disons une indépendance relative : à cette époque du bon plaisir, les corporations avaient à lutter constamment pour défendre leurs droits et leurs prérogatives, fréquemment attaqués. En raison de cette défense mutuelle, on comprend aisément que chaque corporation se tînt ainsi concentrée, aussi groupée que possible. Paris avait une étendue comparativement restreinte, qui permettait cette sorte d'agglomération sur des points déterminés. Ne les voyons-nous pas encore de nos jours dans le quartier des Apothicaires (nous voulons parler des premières maisons de la rue Saint-Denis et de toute la rue des Lombards) ? N'avons-nous pas l'ancien quai des Lunettes, occupé par les opticiens, celui des Orfèvres, par les orfèvres ? Autrefois c'étaient : la rue de la Bûcherie (avec les marchands de bois), la rue de la Baudrairie (avec les mégissiers), la rue de la Chanvrerie (avec les marchands de chausses et les mesureurs de toile, les auneurs), la rue de la Cordonnerie (avec les cordonniers), la rue aux Écrivains (avec les écrivains copistes, miniaturistes et les marchands de parchemins), la rue de la Sellerie (avec les marchands selliers), la rue de la Ferronnerie (avec les marchands de fer et les forgerons), la rue aux Coiffières (avec les marchands de modes et coiffures), la rue de la Ganterie (avec les marchands de gants), la rue de la Poulaillerie (avec les marchands de volailles), la rue de la Parcheminerie (avec marchands et fabricants de parchemins), la rue de la Lingerie (avec marchands de linge) etc., etc.

Ces groupes, constamment tenus en rapport par des intérêts semblables, ne devaient compter que sur leur propre force pour défendre les prérogatives de leur profession.

§ III.

Sur le côté septentrional de l'église Saint-Martin, il nous était réservé de faire une autre trouvaille, non moins digne d'attention, celle d'un chandelier de bronze, parfaitement conservé. Peut-être provenait-il de l'ancienne paroisse ? Il était protégé par quelques pierres, disposées de façon à former une espèce de cache (Fig. 19).

Bien que cet ustensile fût employé déjà pour brûler la chandelle pendant tout le moyen âge, on se servait le plus habituellement de la lampe monolychne, qui était très portative : on la plaçait sur les meubles ou sur un plateau porté par un candélabre pour la mettre à la hauteur de celui qui s'en servait, souvent aussi sous le manteau de la cheminée, afin d'éviter l'odeur désagréable que répandait ce genre d'éclairage. Du XVᵉ au XVIIIᵉ siècle, les lampes faisaient corps avec le fût, dont la base était fixée au milieu d'une soucoupe destinée à recevoir les bavures de la mèche.

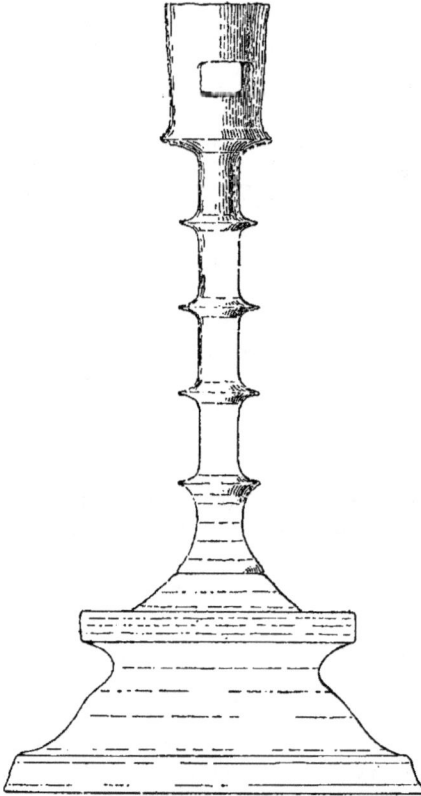

(Fig. 19). Fouilles de Saint-Martin.

A cette même époque ou, pour être plus exact, aux XIVᵉ et XVᵉ siècles, une lampe à bords ondulés, couverte de l'émail jaune dont on se servait pour vernir les pichets, était fort usitée dans les ménages.

4

Ce petit objet domestique était muni d'une anse se reliant au fond extérieur de la lampe, ce qui la rendait facilement transportable d'un point à un autre.

Ce type gracieux, assez original, appartient à la fabrication parisienne.

Au XIVe siècle, les gens riches se servaient de la cire pour leur éclairage. Les gens du peuple employaient le bois résineux et souvent même se passaient de lumière.

Sous le règne de Charles VI, les chandelles étaient tenues à la main par les valets. C'est à cette époque que remonte probablement l'emploi du chandelier à bobèche. Nous ne voulons pas dire pour cela que la fabrication de la chandelle ne remonte qu'au règne de Charles VI, attendu que la corporation des chandeliers est une des plus anciennes de Paris, que ses premiers statuts sont de l'an 1061, et qu'ils ont été confirmés et augmentés par presque tous les rois qui se sont succédé depuis cette époque.

Les maîtres chandeliers étaient autorisés à vendre de l'huile à brûler. Unis aux épiciers depuis longtemps, ils en furent séparés en 1450 ; de ce jour, défense leur fut faite de vendre de l'épicerie, mais seulement des corps gras employés à l'éclairage.

La maîtrise s'obtenait au prix de 900 livres, et le brevet coûtait 50 livres. Leur patron était Saint Jean-Porte-Latine et la confrérie se réunissait à Saint-Jean-le-Rond.

Le chandelier que nous avons décrit plus haut appartient probablement à la fin du XVe ou au commencement du XVIe siècle. Il mesure 0^m22 de hauteur, et deux ouvertures sont pratiquées à la bobèche pour en faciliter le nettoyage. Ces différents modes d'éclairage devaient avoir le très fâcheux inconvénient d'exhaler une odeur nauséabonde à l'intérieur des habitations.

Dans cette même fouille, en face du n° 7 de la rue de la Collégiale, nous eûmes la bonne fortune de recueillir un vase en terre cuite, dont nous ne pûmes déterminer l'emploi précis.

Ce vase est cuit à une haute température, et ne fait pas effervescence à l'acide nitrique ; sa composition est celle du grès ; il est décoré d'une couverte brune et grise. Les deux conduits A et B de la figure permettent à un liquide quelconque d'arriver au récipient C (figures 20 et 21).

(Usage). En faisant pénétrer un liquide par le conduit B dans C, il est possible de le faire écouler par le conduit A en retournant le vase.

Sur l'anse face au point *D*, une croix latine est imprimée à une profondeur de deux millimètres. Doit-on supposer, d'après ce signe fait avant la cuisson et le vernissage, que le vase avait un emploi religieux ? J'en doute. Cette poterie si singulière et si curieuse, dont la destination reste inconnue, appartient, je pense, au XVI⁰ ou XVII⁰ siècle. Ce pot, au moyen âge, se nommait *pot à surprise* ou mieux encore *pot trompeur*.

Les maisons de la rue du Petit-Moine couvrent un terrain où j'ai trouvé vingt-six sarcophages en pierre et cinquante squelettes. Ce terrain faisait sans doute partie de l'ancien champ de sépultures

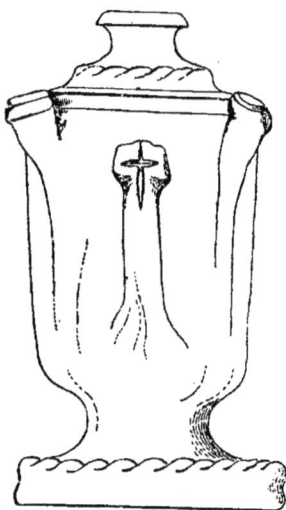 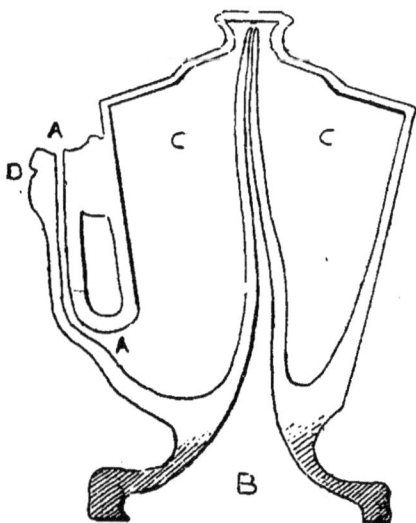

(Fig. 20). (Fig. 21).

Fouilles de Saint-Martin.

des églises Saint-Marcel et Saint-Martin qui, sur la longueur du boulevard Saint-Marcel, commence à la rue de l'Essai pour finir à l'avenue des Gobelins, du côté des maisons des numéros pairs. Du côté des numéros impairs du même boulevard, le champ de sépultures s'étend de la rue Lebrun à l'avenue des Gobelins.

Enfin, le 23 janvier 1885, rue du Petit-Moine, j'assistai à la découverte de dix sarcophages en pierre de grandes dimensions, et de douze squelettes déposés dans de simples fosses creusées en terre.

Ce tronçon du champ de sépultures de Saint-Martin pouvait re-
monter aux XIIe et XIIIe siècles ; une pierre qui couvrait un des
sarcophages était taillée en dos d'âne, type qui se rencontre fort
souvent dans les anciens cimetières de Saint-Marcel, dépendant de
la Collégiale, de Saint-Martin et de Saint-Hippolyte ; et ce qui
appuierait encore notre opinion sur l'âge de ce genre de sarcophage, c'est que le cercueil contenant les restes de Philippe-
Auguste était, ainsi que ceux de Saint-Marcel, fermé par une pierre
taillée de même façon (fig. 22).

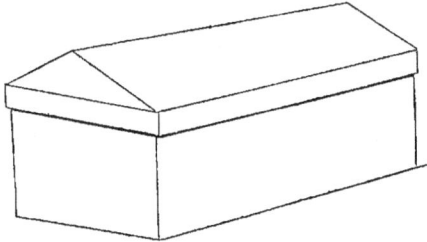

(Fig. 22). Fouilles de Saint-Martin.

L'orientation de toutes ces sépultures était généralement la même
que celle reconnue antérieurement dans ce quartier, la tête tournée
vers l'orient.

III.

Quartier de Croulebarbe

(Ancien quartier Saint-Marcel).

Les révélations d'un Champ de sépulture dit de Saint-Hippolyte.
Église Saint-Hippolyte. Un cimetière d'enfants.

§ I.

Sur le boulevard Arago, existait, au siècle dernier, une église dédiée à saint Hippolyte. Cette église, déjà connue comme chapelle
en 1178, fut érigée en paroisse au commencement du XIII⁰ siècle.
Détruite une première fois au XVI⁰ siècle, elle fut reconstruite aussitôt et réparée au XVII⁰. Elle disparut vers la fin du XVIII⁰ siècle.

Au moment de sa démolition, on y trouva quelques tombeaux
anciens.

Le cimetière qui entourait Saint-Hippolyte occupait le terrain où
s'élèvent à présent les maisons portant les numéros 5, 7, 9 du boulevard Arago. Les sépultures que nous y avons découvertes formaient,
comme à Saint-Marcel, une masse compacte; elles appartiennent
à plusieurs époques. Les premières semblent remonter à la période
mérovingienne. Les dernières, beaucoup plus nombreuses, mais en
revanche infiniment bien moins intéressantes, sont plus récentes.
Celles-là étaient à 1ᵐ65 au-dessous du niveau du boulevard Arago;
et celles-ci à une profondeur de 10 à 15 centimètres seulement.
Entre ces deux couches, j'ai rencontré quelques sarcophages appartenant très probablement à la fin de l'époque mérovingienne, ainsi
que me l'a fait supposer la découverte d'une fibule, sorte de bijou
en bronze ciselé et décoré d'ornements argentés, remontant à cette
époque. L'orientation de toutes ces sépultures était à peu près la

5

même : le visage tourné du côté du levant. Les cercueils en bois étaient mêlés aux cercueils en pierre ; est-ce là une indication que le pauvre trouvait, au champ du repos éternel, place à côté du riche ? Peut-être.

J'ai remarqué que la disposition de ces sépultures, si rapprochées les unes des autres, ne laissait pas la place d'un chemin. J'ai remarqué aussi, dans ces fouilles, comme dans les autres, que certains objets fragiles, qui se décomposent assez facilement, étaient d'une conservation satisfaisante, grâce à leur contact avec l'oxyde de cuivre. J'en puis donner quelques exemples : dans une sépulture, appartenant à la fin de la domination romaine, dont je parlerai plus tard, et que j'ai découverte au n° 14 de l'avenue des Gobelins, j'ai trouvé un crâne parfaitement conservé par l'oxyde de cuivre, provenant d'une monnaie de bronze, placée à son contact. Dans une autre sépulture du XIIIe ou XIVe siècle, derrière Saint-Hippolyte, j'ai ramassé un bouton de bronze, qui avait protégé de la décomposition l'étoffe à laquelle il était attaché.

Dans le département de l'Aisne, à Pommiers, où se trouvent les traces d'un camp antique, dont le champ des sépultures a été découvert par moi, dans une sépulture j'ai trouvé une lance, dont la douille avait parfaitement conservé le bois de la hampe. Enfin, au *Mons Glandiolus*, dont j'ai déjà parlé, j'ai découvert dans une ventouse de bronze un tissu de bonne conservation, à côté d'une trousse de médecin remontant au IIIe siècle (trousse sur laquelle je me propose de revenir ultérieurement), presque au temps de Gallien.

Dans les fondations de l'Église nous trouvons un fragment de colonne antique, ce fragment appartient-il à un ancien temple, qui a précédé Saint-Hippolyte ? Nous n'affirmons rien, mais ce qui semble certain c'est que notre relief est antique, le lecteur sera à même d'en juger, en faisant une visite à ce monument, qui figure au musée de Cluny, à Paris (fig. 24).

Voici, par ordre de découverte, les fosses et les sarcophages que j'ai rencontrés dans le cimetière dit de Saint-Hippolyte ou du moins situé autour de cette église :

Fosse 1. — Sarcophage mesurant intérieurement 1 m. 15 de longueur et 0 m. 26 de largeur à la hauteur des épaules ; angles intérieurs arrondis, pierre présentant une épaisseur de 0 m. 08 ; squelette d'enfant de 6 à 8 ans, d'une belle conservation.

Fosse 2. — Sarcophage d'une longueur de o m. 80 et d'une largeur de o m. 29, avec angles arrondis à l'intérieur à la hauteur de la tête ; les ossements, appartenant à un enfant de 2 à 3 ans, étaient en mauvais état de conservation.

Fosse 3. — Sarcophage en belle pierre, type de Saint-Leu, présentant à l'intérieur une longueur de o m. 82 et une largeur de o m. 29, épaisseur de o m. 07. Un beau couvercle taillé en dos d'âne, seul de ce genre trouvé dans la fouille.

Fosse 4. — Sarcophage de o m. 60 de long, sur o m. 24 de large à la hauteur des épaules, pierre de o m. 08 d'épaisseur, bien taillée, angles arrondis à la tête ; ossements en poussière d'un enfant de 12 à 15 mois.

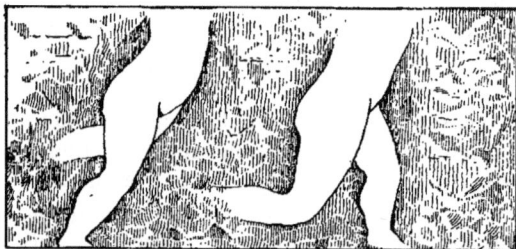

(Fig. 24). Développement du sujet décoratif de la colonne antique découverte dans les ruines de St-Hippolyte.

Fosse 5. — Sarcophage de 1 m. 92 de longueur et de o m. 40 de largeur, avec épaisseur de o m. 08 et angles arrondis à la hauteur de la tête. Le couvercle monolithe présentait à ses angles internes des rainures, destinées sans doute à faire glisser les cordages dont on devait se servir pour le mettre en place. Cette particularité ne se rencontre que dans les couvercles des grands sarcophages (fig. 25). Le squelette, pouvant être celui d'un adulte d'une taille de 1 m. 68 à 1 m. 70, était bien conservé, principalement la tête. Les deux avant-bras avaient été croisés sur la poitrine avant la mise du corps dans le cercueil, car nous les avons retrouvés dans cette position. C'est un cas rare dans ce quartier, quoique toutes les sépultures semblent appartenir au christianisme.

Fosse 6. — Sarcophage, parfaitement taillé, contenant le squelette d'un enfant de 8 à 10 ans, en poussière. Sa longueur et sa lar-

geur intérieures mesuraient, l'une 1 m. 14, l'autre 0 m. 32 à la
hauteur des épaules. L'épaisseur de la pierre était de 0 m. 07.

Fosse 7. — Sépulture à même le sol d'un enfant de 8 à 10 ans.
Squelette bien conservé. Dans la terre, et sous l'os maxillaire inférieur, j'ai trouvé une petite monnaie de bronze à l'effigie de Constantin.

Fosse 8. — Sarcophage présentant à l'intérieur une longueur de
1 m. 30 et une largeur de 0 m. 35 aux épaules, et arrondi à la tête.
La pierre, d'une épaisseur de 0 m. 11, était admirablement taillée
et d'un grain d'une finesse remarquable. Les ossements en poussière qu'il contenait étaient ceux d'un enfant de 8 à 10 ans.

(Fig. 25). Couvercle de sarcophage en pierre avec rainures aux angles.

Fosse 9. — Sarcophage de 0 m. 90 de long sur 0 m. 26 de large.
La pierre est épaisse de 0 m. 05 et les angles sont arrondis intérieurement. Enfant de 12 à 15 mois, dont le frontal, l'occipital et le
maxillaire inférieur, avec quelques dents dans les alvéoles, bien
conservés.

Fosse 10. — Sarcophage d'une épaisseur de 0 m. 12 avec angles
arrondis à la hauteur de la tête, mesurant 1 m. 60 de longueur et
0 m. 40 de largeur intérieures. Ossements d'un enfant de 12 à 14 ans
de grande taille, en mauvais état de conservation. Le couvercle,
épais de 0 m. 25, présentait ce cas, particulier et unique dans les
fouilles, d'être de beaucoup plus grand que le sarcophage.

Fosse 11. — Ossements d'un enfant de 2 à 3 ans en poussière dans un sarcophage, long intérieurement de o m. 79, large de o m. 29 et épais de o m. o8 avec angles arrondis à la tête.

Fosse 12. — Squelette, très bien conservé, d'un enfant de 5 à 7 ans, dans une sépulture à même le sol.

Fosse 13. — Sarcophage de o m. 81 de long sur o m. 29 de large et en pierre, de o m. o8 d'épaisseur. Enfant de 2 à 3 ans, dont les ossements, sauf le frontal, bien conservé, étaient en poussière.

Fosse 14. — Sépulture, à même le sol, d'un enfant de 12 à 15 ans, bien conservée.

Fosse 15. — Cercueil de chêne contenant le squelette d'un enfant de 10 à 12 ans, en bonne conservation.

Fosse 16. — Sarcophage remarquable par ses proportions. Il mesurait 2 m. 20 de long, o m. 41 de large et o m. 55 de haut. Son couvercle à rainures avait une épaisseur de o m. 35, ce qui donnait une hauteur totale de o m. 90 au monument. Un cercueil en plomb, dont le couvercle s'était affaissé, occupait l'intérieur du sarcophage de pierre. La taille du squelette était de 1 m. 72. Les ossements de la tête tombaient en poussière. Les rotules étaient en équilibre sur les condyles, qui étaient relativement bien conservés (V. fig. 27).

J'ai constaté, dans ce sarcophage, que, malgré la présence d'un cercueil en plomb, les ossements étaient moins bien conservés que ceux des squelettes trouvés à même le sol, qui avaient été enfermés dans des cercueils en bois.

Fosse 17. — Sarcophage de 1 m. 20 de long et de o m. 24 de large, avec angles arrondis à la tête et une épaisseur de o m. o6. La poussière que nous remarquons dans le cercueil provient de la décomposition du corps et des vêtements qui enveloppaient l'enfant de 8 à 10 ans.

Fosse 18. — Puits appartenant aux XIIe, XIIIe et XIVe siècles, qui contenait quelques poteries cassées, que j'y ai trouvées.

Fosse 19. — Sarcophage ayant une longueur intérieure de o m. 80 et une largeur de o m. 24 à la hauteur des épaules, une épaisseur de o m. o8 avec angles arrondis. Enfant de 10 à 12 mois. J'ai trouvé dans l'intérieur de ce sarcophage quelques racines de vigne, dont le bois était en poussière, mais dont l'écorce était en parfait état de conservation, au point que cette écorce semblait former un long tube de plusieurs mètres de longueur.

Fosse 20. — Sépulture à même le sol, squelette d'un enfant de 12 à 15 ans, en belle conservation.

Fosse 21. — Squelette d'enfant de 12 à 15 ans ; j'ai trouvé dans la terre des clous de 12 à 15 centimètres de long, qui avaient dû servir à joindre les planches du cercueil. Ces clous ne se rencontrent pas dans toutes les sépultures, ce qui semble indiquer qu'il y avait des cercueils dont les planches étaient réunies au moyen de chevilles en bois.

Fosse 22. — Sépulture à même le sol. Aux clous que j'y ai ramassés étaient fixés par l'oxyde de fer de petits fragments de bois, dont la nature fut facilement déterminée. Le cercueil, qui avait renfermé le squelette bien conservé d'un enfant de 14 à 16 ans, était en chêne.

Fosse 23. — Sarcophage en pierre blanche d'un travail et d'une coupe remarquables. Sa longueur intérieure était de 1 m. 56, sa largeur de 0 m. 47 aux épaules. L'épaisseur de la pierre était de 0 m. 11 et la hauteur totale du monument de 0 m. 56. Ce sarcophage était en deux parties, reliées entre elles par deux crampons en fer placés au fond extérieur. Les angles intérieurs du couvercle avaient une rainure, et la partie au-dessus des pieds était moulurée. Il est regrettable que ce sarcophage, si curieux comme exécution, n'ait pas été conservé (fig. 26).

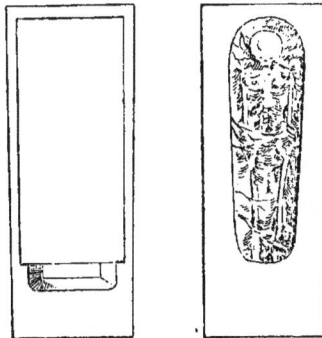

(Fig. 26). Cimetière Saint-Hippolyte.

Deux anneaux, ayant l'un 0 m. 03 et l'autre 0 m. 02 de diamètre, furent trouvés sur le sternum du squelette, mieux conservés relativement que ceux qui étaient dans les autres sarcophages. Quelques fragments de tissus, conservés par l'oxyde de cuivre, étaient encore adhérents à ces fragments.

Fosse 24.—Sépulture à même le sol. Squelette d'un adulte d'une taille de 1 m. 68, bien conservé.

Fosse 25. — Cercueil en chêne, reposant immédiatement sur le sarcophage de la fosse n° 16. Le squelette avait une taille ne mesurant pas moins de 2 m. 20. Il était dans un état parfait de conservation et semblait appartenir à un individu de faible constitution. Cette taille considérable a été constatée par divers témoins (fig. 27).

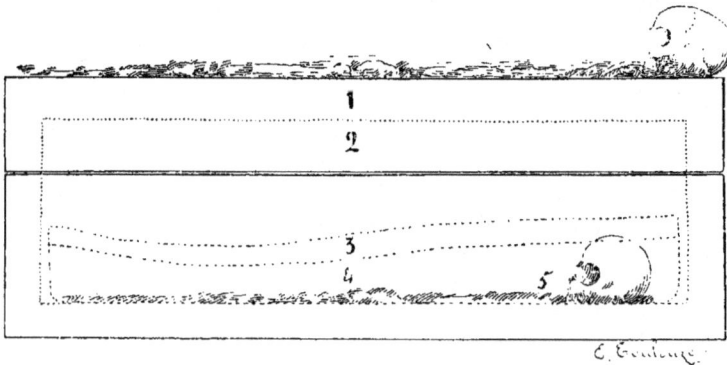

(Fig. 27).

N° 1. Couvercle du sarcophage.
    2. Vide du couvercle du sarcophage.
    3. Couvercle du cercueil de plomb contenu dans le sarcophage.
    4. Cercueil de plomb.
    5. Squelette contenu dans le cercueil de plomb.

Fosse 26. — A même le sol, sépulture d'un enfant de 5 à 10 ans. Squelette parfaitement conservé.

Fosse 27. — Sarcophage de 1 mètre de long sur 0 m. 31 de large à l'intérieur. Epaisseur de 0 m. 15, angles arrondis aux pieds. Ossements d'un enfant de 4 ou 5 ans en poussière.

Fosse 28. — Sarcophage mesurant intérieurement 0 m. 95 de longueur sur 0 m. 32 de largeur à la hauteur des épaules. Restes en poussière d'un enfant de 3 à 4 ans.

Fosse 29. — Sépulture à même le sol d'un enfant de 12 à 15 ans, bien conservé.

Fosse 30. — Squelette d'adulte mesurant 1 m. 70, dont la conservation est belle.

Fosse 31. — Sarcophage de o m. 80 de long et de o m. 28 de large. Squelette d'un enfant de 10 à 12 mois, réduit en poussière.

Fosse 32. — Sarcophage renfermant les restes d'un enfant de 12 à 15 ans. Longueur 1 m. 20, largeur o m. 30; épaisseur de la pierre, o m. 08.

Fosse 33. — Sarcophage de 1 m. 05 de long sur o m. 30 de large aux épaules; épaisseur de la pierre, o m. 08. Enfant de 7 à 10 ans.

Fosse 34. — Sarcophage en pierre d'une épaisseur de o m. 12, bien taillée, avec angles arrondis à la tête. Sa longueur intérieure est de 1 m. 78 et sa largeur o m. 45. Le squelette qu'il renferme est celui d'un adulte, d'une taille de 1 m. 65; grâce à sa conservation, relativement bonne, j'ai pu remarquer une fracture de la tête, une autre au fémur, et une troisième au-dessus du petit trochanter.

Fosse 35. — Sarcophage long de 1 m. 25 et large de o m. 29; pierre épaisse de o m. 08. Enfant de 8 à 10 ans, dont les ossements étaient en mauvais état de conservation.

Fosse 36. — Sarcophage semblable au précédent, avec ossements mal conservés d'un enfant de 7 à 8 ans.

Fosse 37. — Sarcophage de o m. 68 de longueur intérieure sur o m. 28 de largeur. Pierre épaisse de o m. 07. Ossements d'enfant de 2 à 3 ans en poussière.

Fosse 38. — Sarcophage de 1 m. 98 de long et de o m. 42 de large à l'intérieur, avec pierre de o m. 14 d'épaisseur. Les angles extérieurs sont arrondis et le couvercle a une épaisseur de o m. 20, ce qui donne au monument une hauteur totale de o m. 60. Squelette d'adulte, dont la taille mesure 1 m. 68.

Dans ce sarcophage, j'ai trouvé, au milieu des cendres produites par la décomposition du corps et des vêtements, au-dessus de l'iliaque gauche du squelette, une fort belle agrafe, appartenant à l'époque mérovingienne (fig. 28). Ce bijou, très bien conservé, est en bronze ciselé et argenté; au centre, comme l'indique le dessin, est une tête barbare. La disposition des guillochis et des trois cabochons ou clous rivés à tête à bords dentés produit un effet assez heureux au point de vue décoratif.

Fosse 39. — Sarcophage mesurant intérieurement 1 m. 20 de long et o m. 31 de large. Le squelette qu'il renfermait était en poussière. C'était celui d'un enfant de 8 à 10 ans.

Fosse 40. — Sarcophage long de 1 m. 56 et large de o m. 47. La pierre, épaisse de o m. 11, est d'une finesse et d'une taille remarquables. Squelette d'adulte en poussière.

Fosse 41. — Sarcophage d'une longueur intérieure de 1 m. 50 sur o m. 25 de largeur en pierre dure, épaisse de o m. 11.

J'ai trouvé sous le crâne, dans la poussière des ossements, qui sont ceux d'un enfant de 12 à 15 ans, une petite monnaie de bronze à l'effigie de Constant Ier, qui est fort bien conservée.

Fosse 42. — Le sarcophage de cette fosse avait o m. 67 de long et o m. 28 de large. Les ossements en poussière étaient ceux d'un enfant de 12 à 18 mois.

Fosses 43 et 44. — Les deux sarcophages trouvés étaient semblables. D'une longueur de o m. 69 et d'une largeur de o m. 28, ils contenaient des ossements d'enfants de 12 à 18 mois, en poussière. L'épaisseur de la pierre mesurait o m. 07.

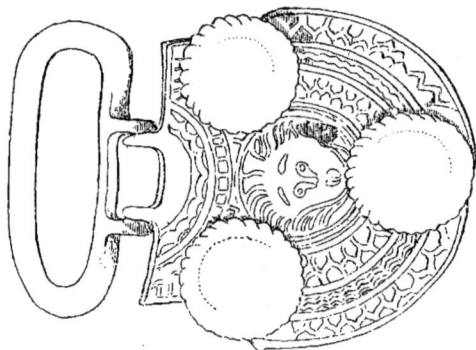

(Fig. 28). Agrafe mérovingienne, Cimetière Saint-Hippolyte.

Fosse 45. — Sarcophage reposant sur celui de la fosse 41. Il contenait les restes d'un enfant de 15 à 20 mois, et avait une longueur de o m. 70 et une largeur de o m. 29. L'épaisseur de la pierre était de o m. 07.

Fosse 46. — Sarcophage de 1 m. 58 de long sur o m. 40 de large, avec angles arrondis à la tête. La pierre, d'une belle finesse, avait o m. 11 d'épaisseur. Squelette d'un enfant de 12 à 15 ans, de mauvaise conservation.

Fosse 47. — Sépulture à même le sol. Le squelette d'adulte, que j'y ai trouvé, était bien conservé et avait une taille de 1 m. 64. A droite du crâne figurait une poterie en terre noirâtre, contenant une poussière blanche, produite par la décomposition des aliments qui y avaient été déposés. Ce vase mesure o m. 12 de hauteur, o m. 12 de diamètre au centre et o m. 08 à l'orifice ; la base compte o m. 04 de diamètre. Un couvercle en terre grisâtre, émail noir, avec un bouton de tirage, recouvrait cette poterie, qui doit appartenir à l'époque mérovingienne et qui se rencontre à Paris plus rarement que la poterie gallo-romaine.

A quelques centimètres de cette fosse, j'ai trouvé des fragments de poteries en terre rouge.

Fosse 48. — Cette fosse n'a pas été ouverte.

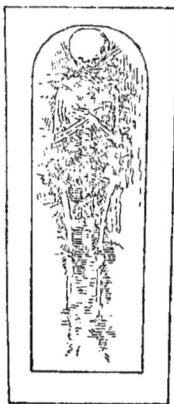

(Fig. 29). Sarcophage du Cimetière Saint-Hippolyte.

Fosses 49 et 50. — Puits du XIVe siècle, au fond duquel gisaient quelques poteries des XIVe et XVe siècles. Murailles d'anciennes maisons remontant à la même époque.

Fosse 51. — Sarcophage de 1 m. 50 de longueur intérieure et de o m. 38 de large ; pierre de o m. 09 d'épaisseur, le sarcophage arrondi à la tête mesurait, avec son couvercle, une hauteur totale de o m. 60. Il contenait le squelette mal conservé d'un enfant de 10 à 12 ans, sous les os maxillaires duquel il y avait une monnaie de bronze très fruste à l'effigie de Constantin ; les bras croisés, en croix, sur la poitrine (fig. 29).

Fosse 52. — Sarcophage de 1 m. 30 de long sur o m. 36 de large, dont la pierre mesurait o m. 12 d'épaisseur. Les ossements d'un enfant de 8 à 10 ans étaient en mauvais état de conservation.

Fosse 53. — Squelette d'enfant de 8 à 10 ans en poussière, dans un sarcophage mesurant intérieurement 1 m. 41 de longueur et o m. 38 de largeur; la pierre avait o m. 11 d'épaisseur.

Fosse 54. — Sépulture à même le sol. Le squelette, appartenant à un enfant de 12 à 15 ans, était bien conservé. J'ai trouvé dans cette fosse dix clous de cercueil en bon état, dont la longueur mesurait 15 à 18 centimètres. J'y ai trouvé aussi une monnaie petit bronze, à l'effigie de Néron, dont la conservation ne laisse rien à désirer. Les monnaies (petits bronzes) à l'effigie de cet empereur sont rares dans les fouilles de Paris.

Fosse 55. — Fondements d'une construction du XIVᵉ ou XVᵉ siècle, en beaux moëllons taillés.

Fosse 56. — Cave d'une ancienne maison, dans laquelle j'ai trouvé de beaux fragments de poteries du XIVᵉ siècle et aussi quelques monnaies françaises du temps de Charles VII.

Fosse 57. — Sarcophage de 1 m. 60 de longueur sur o m. 40 de largeur à l'intérieur et o m. 11 d'épaisseur. Les angles, à la tête, étaient arrondis. Ossements d'un enfant de 15 à 16 ans, en poussière.

Fosse 58. — Sarcophage contenant les restes en poussière d'un enfant de 6 à 8 ans, 1 m. 29 de long sur o m. 30 de large et o m. 13 d'épaisseur.

Fosse 59. — Sarcophage de 1 m. 15 de longueur et de o m. 26 de largeur à la hauteur des épaules. La pierre comptait o m. 09 d'épaisseur. Sous le crâne d'un enfant de 4 à 6 ans, que ce sarcophage contenait, j'ai trouvé une monnaie romaine à l'effigie de Constantin, très bien conservée. Toutes les monnaies trouvées dans les sépultures d'enfants sont de petits bronzes.

Fosse 60. — Sarcophage mesurant intérieurement 1 m. 38 de long et o m. 30 de large, présentant une épaisseur de o m. 08 et contenant les ossements en poussière d'un enfant de 7 à 10 ans.

Fosse 61. — Sépulture à même le sol renfermant un squelette d'adulte, près de la tête duquel il y avait une monnaie en bronze à l'effigie de Constantin. A 10 centimètres au dessus du crâne, je trouvai une jolie lampe monolychne en bronze, de style grec, dans un état de fort bonne conservation. Elle contenait encore une pâte noire, sorte de dépôt produit par le noir de fumée résultant de la combustion de la mèche, dont quelques fils conservés par l'oxyde de cuivre étaient encore visibles et sortaient légèrement du bec de la lampe. La regularité des lignes nous indique que cette lampe avait été fondue d'un seul jet et n'avait pas passé par les mains du ciseleur. Et l'aspect général de l'ustensile confirmait quelques-unes des notions bien connues sur les procédés de l'éclairage chez les anciens.

Les Grecs et les Romains se servaient de mèches en fil de lin ou de chanvre. On appelait *verbascus* chez les Latins une autre sorte de mèche, que l'on faisait avec la tige d'une plante ligneuse, qui n'est autre que le bouillon-blanc, plante bisannuelle de l'espèce des molènes et de la famille des solanées.

Les lampes en métal, chez les anciens, pouvaient être pendues au moyen de chaînettes de bronze, ou bien elles étaient facilement transportables, comme celle dont je viens de parler.

On pense que les Egyptiens ne se servaient pas du fruit de l'olive, fruit très rare dans ce pays (suivant Strab. XVII), mais d'une huile extraite d'une plante nommée *cici*, et qui ne doit être que le ricin. Elle ne devait pas répandre une odeur aussi nauséabonde que celles faites de matières animales.

Fosse 62. — Squelette d'adulte, bien conservé.

Fosse 63. — Sarcophage de 1 m. 40 de long sur 0 m. 32 de large et de 0 m. 12 d'épaisseur, contenant les ossements d'un enfant de 5 à 6 ans, en fort mauvais état.

Fosse 64. — De même épaisseur que le précédent, le sarcophage trouvé dans cette fosse mesurait 1 m. 30 de long et 0 m. 35 de large. Il contenait les ossements en poussière d'un enfant de 5 à 6 ans.

Fosse 65. — Squelette d'enfant de 8 à 10 ans, de belle conservation.

Fosse 66. — Sarcophage de 1 m. 19 de long et de 0 m. 28 de large avec angles arrondis à la tête et une épaisseur de 0 m. 07. Ossements d'enfant de 3 à 4 ans, de conservation médiocre.

Fosse 67. — Sarcophage de 0 m. 77 de long et de 0 m. 32 de large, taillé dans une feuille de plomb de 5 millimètres d'épaisseur. Les côtés ont été relevés au moyen du martelage, et le couvercle ne ferme qu'imparfaitement ce sarcophage, qui avait été mis dans un cercueil de chêne avant d'être enterré. Sa conservation est parfaite. J'y ai trouvé quelques clous en fer et le squelette d'un enfant de 8 à 10 mois, dont l'os maxillaire inférieur avec des dents dans leur alvéole était seul bien conservé.

Fosse 68. — Squelette d'adulte, en bon état, dont la taille était de 1 m. 66,

Fosse 69. — Sarcophage d'enfant, de 1 m. 50 de longueur.

Fosse 70. — Sarcophage, de 1 m. 38 de long sur 0 m. 34 de large à la hauteur des épaules et intérieurement. Squelette bien conservé d'un enfant de 8 à 10 ans. Epaisseur de la pierre, 0 m. 12.

Fosse 71. — Les ossements d'un enfant de 12 à 15 ans étaient en poussière dans un sarcophage long de 1 m. 35, large de 0 m. 34 et épais de 0 m. 11.

Fosse 72. — Squelette d'un enfant de 12 à 15 ans dans un sarcophage mesurant 1 m. 40 de longueur, 0 m. 32 de largeur et épais de 0 m. 12.

Fosse 73. — Sépulture à même le sol renfermant un squelette d'adulte, d'une taille de 1 m. 72, bien conservé, et des fragments de poteries rouges portant le *sigillum* (Ces poteries se trouvaient très probablement dans le terrain de remblai, au moment de l'inhumation).

Fosse 74. — Squelette d'adulte de 1 m. 65 en bon état, avec des clous de cercueil.

Fosses 75 et 76. — Sépultures à même le sol d'enfants de 12 à 15 ans, dont le squelette était de bonne conservation.

Fosses 77 et 78. — Squelettes d'adultes, bien conservés, ayant une taille, le premier de 1 m. 60, le second de 1 m. 68.

Fosse 79. — Sépulture à même le sol, où j'ai trouvé un squelette d'enfant de 7 à 8 ans, bien conservé, et aussi des clous de cercueil.

Fosse 80. — Adulte de 1 m. 70, dont le squelette était en très bon état.

Fosse 81. — Enfant de 8 à 10 ans, dont les ossements étaient bien conservés.

Fosse 82. — Squelette d'un enfant de 9 à 11 ans, ayant une taille de 1 m. 16 et en bon état.

J'ai constaté avec soin, dans chacune de ces sépultures, l'âge et la taille des squelettes. J'ai retiré de ces observations la certitude absolue que l'espèce humaine n'a pas dégénéré comme le supposent un grand nombre de gens. Je me souviens que les hommes que j'ai employés dans mes fouilles hésitaient à me croire lorsque, prenant un fémur ou un humérus, je le comparais aux miens devant eux et voulais ainsi leur prouver que la taille des morts, dont nous trouvions les ossements, ne dépassait pas souvent la taille ordinaire (1 m. 66). Et cela me porta naturellement à faire quelques réflexions sur la stature des hommes, selon les âges et les latitudes. On aurait encore tendance aujourd'hui à s'imaginer des races de géants, comme en rêvait la crédulité populaire dès la plus haute antiquité. On croyait aussi à des familles, à des peuples de nains. Les Hellènes inventèrent les Pygmées qui, selon bon nombre d'auteurs grecs et latins, Homère, Aristote, Athénée, Plutarque, Pline, Juvenal et maints autres, habitaient l'Abyssinie, la Nubie, vers les sources du Nil, sur lequel ils naviguaient pour transporter le vin de lotus, boisson très recherchée des anciens, l'Inde, l'Arabie, les bords de la mer Rouge, etc. Que de fois la légende et la poésie n'ont-elles pas représenté les Pygmées livrant bataille aux grues, leurs irréconciliables ennemis ! Des écrivains du moyen âge et de la renaissance ont attesté l'existence de peuplades exclusivement composées de nains en Laponie et au Japon. Certes, les habitants de ces pays ne sont pas des Goliaths, mais ils ne sont pas non plus des nains.

Une fable aussi s'est répandue sur la taille des Gaulois, des Romains et des Germains. Ce qu'il y a de certain, c'est que la taille humaine varie selon les latitudes, mais cette différence n'excède pas quelques centimètres. L'influence du climat et de l'alimentation en est la seule cause. Les hommes de haute taille se trouvent surtout dans les pays froids (Encore n'est-ce pas général : témoins les Lapons et les Esquimaux).

Dans le nord de l'Europe, Livonie, Suède, Danemarck, Russie, etc., la moyenne de la taille humaine est plus élevée que dans le centre. Les Gaulois et les Francs, bien que de taille moyenne, avaient une plus haute stature que les Romains, nés sous un climat plus chaud. Il semblerait qu'un ciel brûlant produirait les mêmes effets que les grands froids. Ce qui a fait souvent croire à l'existence de géants, ce sont les exhumations qui ont été faites dans différents pays d'ossements d'éléphants, assez semblables à ceux de l'homme, principalement le tibia et le fémur. En 1584, le savant médecin Félix Plater, professeur à Bâle, examina des ossements d'éléphant trouvés à Reyden (canton de Lucerne) et déclara qu'ils ne pouvaient provenir que d'un géant de la taille de 19 pieds. L'anatomiste Blumenbach détruisit l'assertion de Plater et prouva d'une manière très experte que les ossements, soumis à l'examen du fantaisiste docteur, venaient de la carcasse d'un éléphant.

Au XVIᵉ siècle, Pigaffetta, un des compagnons de Magellan, a donné une description fantaisiste des Patagons, habitants de l'extrémité sud de l'Amérique ; ses dires furent confirmés par Leya, qui, par amour du pittoresque, porta à trois ou quatre mètres la taille de ces sauvages.

On a fait aussi, aux XVIIe et XVIIIe siècles, des découvertes semblables à celle de Reyden, et partout on crut à l'existence de géants.

Combien de gens encore, entichés du merveilleux, caressent la même croyance chimérique !

Les anthropologistes modernes ont réduit à ses justes proportions la taille humaine ; la moyenne la plus élevée qui a pu être constatée, en dehors de l'exceptionnel, du prodigieux, ne dépasse pas $1^m,73$.

Dans toutes les fouilles que j'ai faites, soit à Paris, dans les quartiers Saint-Marcel, du Val-de-Grâce et du Panthéon, soit dans les départements, la moyenne de la taille constatée sur les squelettes découverts ne dépassait pas $1^m,66$ à $1^m,67$. Une sépulture seulement contenait les restes d'un homme dépassant une hauteur de deux mètres. Ce spécimen extraordinaire a été relevé dans nos fouilles au boulevard Arago, près de Saint-Hippolyte et à la fosse 25.

La multitude de squelettes que nous avons momentanément rendus à la lumière nous a conduit à une autre observation. Elle a trait à l'ensemble du corps.

L'harmonie des proportions semble ne rien laisser à désirer. La charpente est généralement forte et vigoureuse, sans pour cela manquer d'élégance et de finesse.

Enfin, des résultats de nos fouilles se tire encore une conséquence au point de vue de la mortalité dans les époques contemporaines de ces sépultures. La mort semble avoir frappé exceptionnellement les enfants ; la raison probable en est que l'hygiène était peu pratiquée dans le peuple qui, ruiné par les impôts et les guerres, avait souvent à combattre un terrible fléau, la famine. On a constaté, en effet, de tous temps, que l'agglomération de la population nuit à la santé publique, que le défaut d'une alimentation substantielle est dangereux principalement pour les enfants.

La médecine elle-même, outre qu'elle n'avait pas accompli les progrès actuels, ignorait nos principes de solidarité : elle oubliait souvent le pauvre. Je laisse à d'autres, plus compétents que moi, le soin de développer ces questions d'hygiène sociale.

A quelques mètres du champ de sépultures de Saint-Hippolyte
et près des Gobelins, se voit une maison, connue dans le quartier
Saint-Marcel sous le nom de maison de la Reine Blanche ou château des Marmousets, et qui se recommande à l'attention par d'importants souvenirs historiques (fig. 30).

(Fig. 30). Maison dite de la Reine Blanche.

Comme l'ont raconté l'Anonyme (Liv. II, ch. 9 et 10), Juvénal des
Ursins et le P. Daniel (*Hist. de France*, t. IV, p. 182, 2ᵉ col.), c'est là
qu'un accident vint aggraver tristement la maladie de Charles VI.
Nous empruntons au P. Daniel les faits suivants : « Une dame
allemande, de la maison de la Reine, et que cette princesse aimoit,
se maria à un Seigneur de son pays fort riche. E les noces se firent
à l'hôtel de la Reine Blanche, Fauxbourg St-Marceau, le vingt-neuf
de Janvier. Tout se fit avec grande magnificence, et après le souper
il y eut bal et mascarade. Le Roy entra dans la salle déguisé en
satyre, avec quatre autres jeunes Seigneurs de la cour habillez de
mesme, estant attachez tous cinq les uns aux autres avec des
chaînes.

« Pour représenter plus sensiblement ces divinitez champêtres, qu'on a coutûme de peindre toutes veluës, ils s'estoient fait faire des habits de toile fort serrez, et enduits de poix-résine, par le moyen de laquelle ils y avoient attaché de la laine en guise de poil. Le duc d'Orléans, en badinant, et sans prévoir l'effroyable effet qui suivit, mit le feu à l'habit d'un de ces masques : aussi-tost la poix-résine s'enfflamma, et tout l'habit fut en feu ; et, comme ils ne pouvoient se séparer à cause de leurs chaines, le feu se communiqua à tous. Ils crioient d'une manière épouvantable ; personne n'osoit en approcher, et on ne sçavoit comment les secourir. La Duchesse de Berri, qui eut plus de présence d'esprit que les autres, déta-

(Fig. 31). Cour d'une maison contemporaine de Charles VI.

cha promptement son manteau, courut au Roy, et, l'en ayant enveloppé, le sauva en étouffant la flamme à force de le serrer. Il n'y eut que luy qui en réchappât. Le jeune comte de Joigny, seigneur de grande espérance, expira au milieu de ce tourment, étouffé par la flamme. Les trois autres, qui estoient le bâtard de Foix, Aymeri de Poitiers, et Hugues de Guisai, ayant couru l'un à la rivière des Gobelins, où il se jetta, l'autre à la cuisine, où il se plongea dans une grande chaudière pleine d'eau, et le troisième, s'estant fait descendre dans un puits, ne survécûrent que deux ou trois jours. A la nouvelle de cet accident la consternation se répandit dans tout Paris et par toute la France, où les uns disoient

6

le Roy mort, les autres à l'extrémité ; mais il en fut quitte en effet pour quelques brûlures ».

C'est aussi à quelques mètres de l'ancien château des Marmousets que, le 14 février 1792, un magasin d'épiceries et de sucre, situé derrière Saint-Hippolyte, fut livré au pillage par les femmes du faubourg Saint-Marcel. Elles se distribuèrent quatre barils de sucre, à vingt sous la livre.

Nous signalons, en passant, une des rares habitations gothiques que l'on rencontre à Paris et qui aient survécu aux destructions

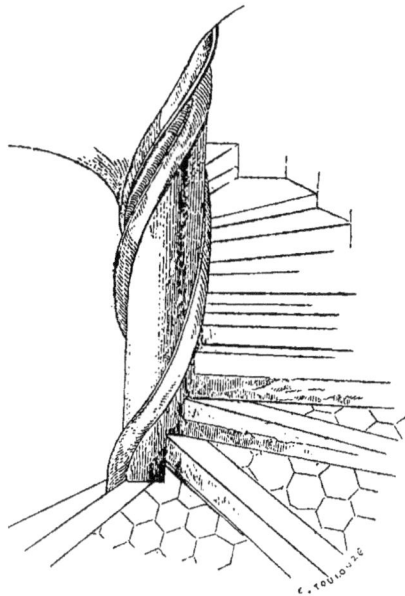

(Fig. 32). Escalier de la maison contemporaine de Charles VI.

systématiques de ce style, poursuivies avec acharnement sous Louis XIV et après lui. Voisine d'un tanneur, elle dépendait peut-être de l'habitation de la Reine Blanche ; elle appartient au XIVᵉ siècle. J'ai dessiné une vue de la cour intérieure (fig. 31), de l'escalier (fig. 32) et de la porte de la cave (fig. 33) de cette dernière habitation, que l'on peut d'ailleurs visiter.

Dans un terrain, immédiatement voisin du Champ de sépultures, dont il est parlé au chapitre précédent, M. Beignier, entre-

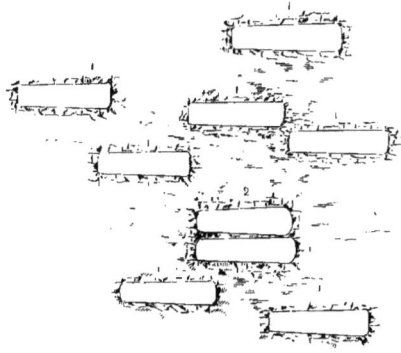

E. TOULOUZE

PL. 5.

preneur de travaux publics, commença, en juillet 1880, les travaux de construction de la maison qui porte le n° 3 du boulevard Arago. Le terrain d'alluvion était au niveau du boulevard, et la terre rapportée qui le recouvrait fut enlevée. J'y trouvai des fragments de poteries des XV° et XVI° siècles. Le terrassement terminé, je fis pratiquer des fouilles dans le sol, occupé actuellement par la cour de la maison. J'ai rencontré des fosses, dans lesquelles il n'y avait que des ossements en désordre ; ces tombes avaient été ravagées, il y a quelques siècles, comme le prouvent des fondations d'anciennes maisons que l'on trouva.

Un peu plus tard, je fis la découverte d'un groupe de neuf sarcophages, qui tous étaient des cercueils d'enfants. Cette agglomération attira mon attention ; et, après avoir étudié avec soin chacune de ces sépultures, je me demandai si ce terrain, séparé, n'avait

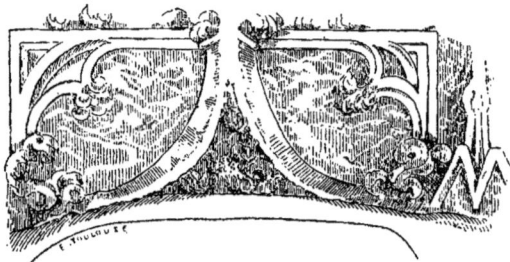

(Fig. 33). Dessus de porte de cave de la maison contemporaine de Charles VI.

pas été pendant un certain temps réservé spécialement aux tombeaux de jeunes enfants. Je n'avais rien rencontré de semblable jusqu'alors dans mes fouilles dans ce quartier et dans tout Paris ! Peut-être une épidémie avait-elle sévi, à une époque, sur les enfants, qui furent alors inhumés à part. Deux de ces sarcophages étaient serrés l'un contre l'autre, deux tombes fraternelles peut-être. Tous étaient légèrement inclinés vers les pieds, et avaient la tête au levant. Ils étaient scellés par un blocage de pierres, reliées entre elles par un ciment d'une résistance si considérable qu'en faisant une pesée pour dégager un de ces cercueils, la pince fit éclater la pierre du sarcophage, mais n'entama pas le ciment, qui ne céda qu'aux coups réitérés de la pioche. Près d'une de ces sépultures, j'ai trouvé des fragments de coupes en terre rouge, portant le *sigillum* et appartenant à l'époque Gallo-Romaine.

En poursuivant mes recherches parmi les travaux de déblaiement, je fus arrêté par un cercueil qui, après avoir été débarrassé de la terre dont il était recouvert, laissa voir, à la partie supérieure et extérieure du chef, cinq oves, ornements en forme d'œuf, fort en usage chez les Gallo-Romains, à en juger d'après les nombreux échantillons de poterie de cette époque que je possède, et qui révèlent le même genre de décoration. Cette particularité me frappa ; je demandai qu'on dégageât avec soin le sarcophage, que je fis porter dans ma collection. Il mesure 0ᵐ76 de long sur 0ᵐ44 de large, à l'intérieur. Les oves, de 0ᵐ15 de hauteur, sont grossièrement exécutées. Ce petit sarcophage appartient sans doute à la fin de l'époque Gallo-Romaine ; il est le seul qui porte cette ornementation, ce qui ferait croire qu'il est antérieur aux autres cercueils de ce quartier, qui appartiennent presque tous à l'époque Mérovingienne et au Moyen âge. Il a été taillé très probablement dans un fût de colonne antique, provenant d'un monument païen.

Dans le sarcophage de la fosse n° 3, à la droite du visage, j'ai trouvé une *ampulla*, sorte d'*unguentarium* en verre d'une très belle conservation et d'une irisation remarquable. Sa hauteur mesure 0ᵐ08 et sa largeur 0ᵐ06. Cette petite fiole fait partie de ma collection, ainsi qu'une autre, absolument semblable, que j'ai rencontrée dans la fosse n° 6.

J'ai trouvé encore deux sarcophages en pierre, contenant des restes de squelette en mauvais état de conservation (fosse 7).

Ces deux derniers, ainsi que ceux des fosses 3 et 6, renfermaient des adultes.

Dans les fouilles faites en cet endroit, j'ai pu remarquer que l'orientation des cercueils était partout la même. J'ai pu constater aussi que les sarcophages destinés aux adultes avaient une longueur totale de 2ᵐ10 à 2ᵐ20. Celui de la fosse n° 3 mesurait intérieurement 1ᵐ90 de long sur 0ᵐ60 de large à la hauteur des épaules et 0ᵐ40 à la hauteur des genoux ; l'épaisseur de la pierre était de 0ᵐ11 à la tête et sur les côtés, et 0ᵐ13 au fond, ce qui donne une longueur totale de 2ᵐ14. Ces grands sarcophages n'étaient pas scellés comme ceux des enfants ; ils étaient déposés simplement dans le sable.

Enfin, je mis à découvert (comme l'indique le plan joint au texte) sept squelettes dans des sépultures affleurant le sol, où je trouvai

F . 3

hauteur
0,08

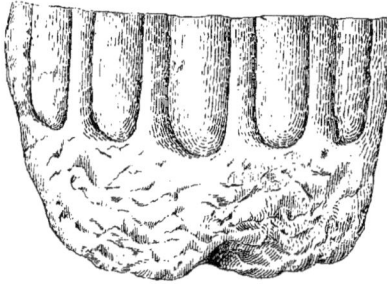

F . 2

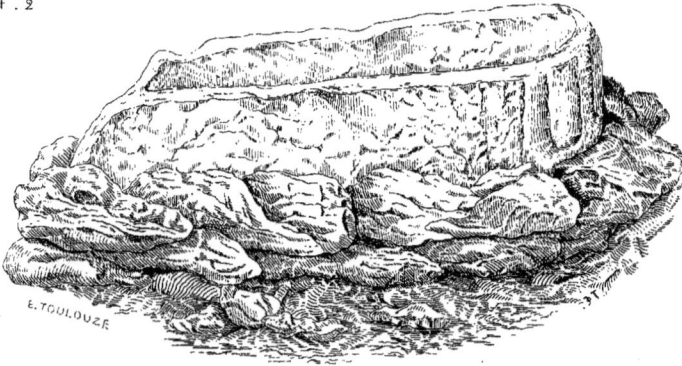

E. TOULOUZE

PL. 4.

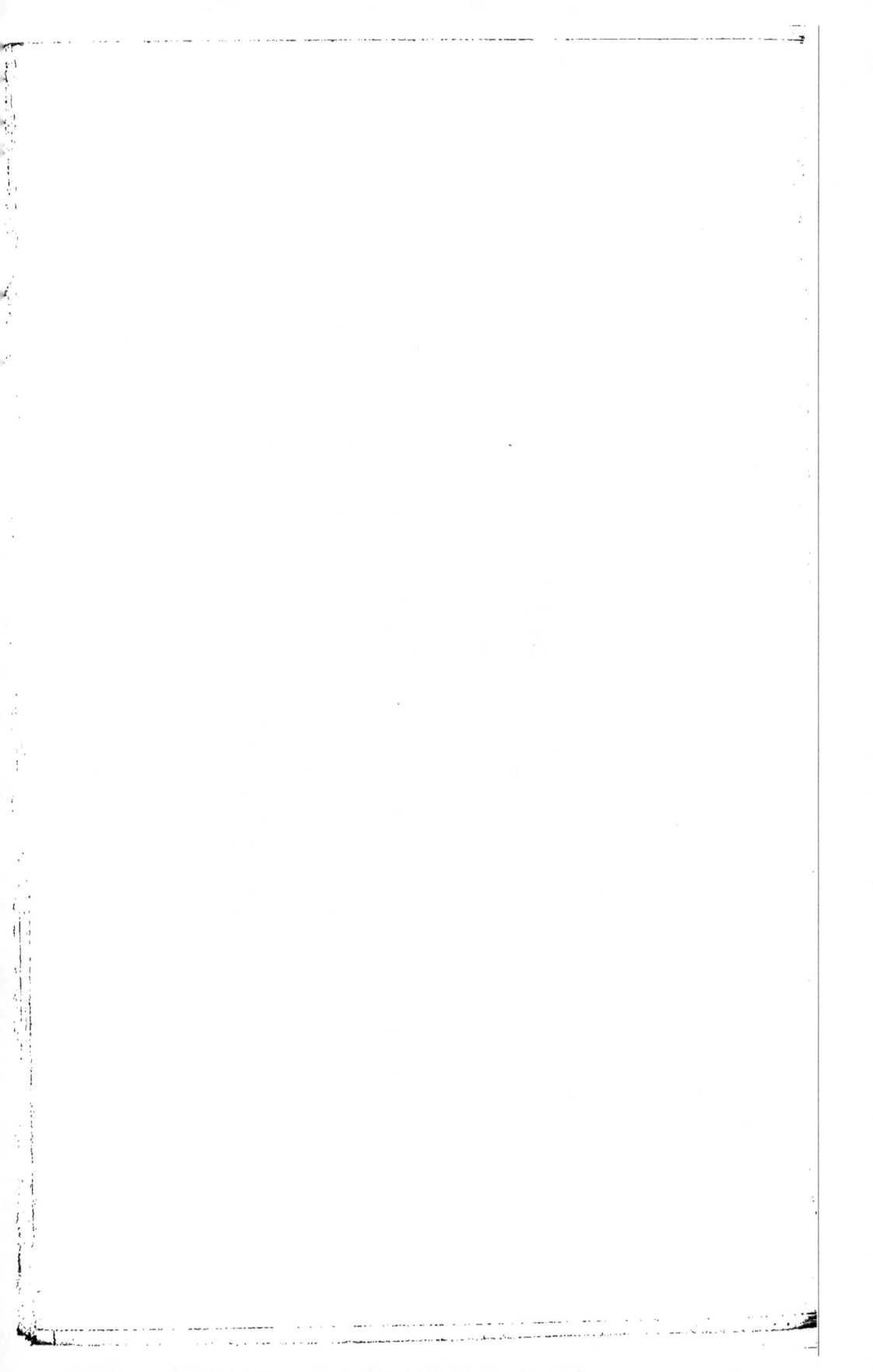

quelques clous de cercueil. Ces squelettes appartenaient à une époque postérieure à celle des sarcophages, quoique se trouvant à la même profondeur dans la terre. L'absence totale de poteries et de verreries m'a fait adopter cette opinion.

A l'époque Gallo-Romaine, en effet, comme je l'ai pu constater dans toutes mes fouilles, il était rare qu'on ne mît pas à côté du mort dans son cercueil des poteries ou d'autres objets familiers. Ce mobilier funéraire se composait de vases de toutes formes et de toutes couleurs, tels que *scyphus* ou coupe à boire ; *urna*, sorte de cruche ; *œnochoé*, vase à vin ; *catinus*, sorte de plat profond ; *cortina*, chaudron à bouillir la viande ; *calix*, petite coupe ; *cupa*, petit tonneau ; *guttus*, vase à col étroit ; *dolium*, etc. Parmi les autres objets principaux que j'ai trouvés dans les sarcophages, il y avait des perles en verre et en terre de toutes couleurs, des ustensiles de toilette. Dans les quartiers du Val-de-Grâce et du Panthéon, certains vases, rencontrés en fouillant, contenaient des restes d'aliments, tels que des ossements de lapin, de porc, de poulet, de mouton, des coquilles d'œufs, bien conservées, etc.. etc.

Aux quartiers Saint-Marcel et de la Maternité, quelques vases contenaient des parfums. Mais les objets que j'ai trouvés le plus souvent sont les monnaies, tantôt placées sur le crâne ou même dans l'orbite de l'œil, tantôt renfermées dans des vases et protégées par une espèce de matière spongieuse. Ces monnaies déposées dans le cercueil du mort devaient payer le passage du Styx. La coutume de déposer des vases avec des aliments explique la présence, dans certaines sépultures, de cuillers. Les cuillers qui ont été trouvées étaient presque toutes placées dans des vases ne contenant plus rien d'appréciable, mais qui avaient renfermé du miel ou des fruits cuits. La cuiller en bronze saucé, sorte de *lingua*, dont je vais donner les proportions, a été découverte dans un vase qui avait probablement contenu des confitures, mets favori du défunt, touchante sollicitude de la famille, qui ne veut pas séparer du mort les moindres choses qu'il a aimées. La longueur totale de cette cuiller est de 0m17 ; l'ovale mesure 0m006 sur 0m033 de large, la concavité est 0m004, l'épaisseur du métal est à peu près celle du papier à dessin ; il porte trace d'argenture. Une usure à la partie concave paraît résulter de son séjour dans la poterie, qui ne la protégeait qu'imparfaitement contre l'humidité du sol ; cette même partie porte une trace apparente du grattoir, qui a servi à régulariser l'épaisseur du bronze. L'extrémité manuelle, qui devait sans doute recevoir un manche, se termine en pointe et porte la trace du martelage ; elle mesure 0^m002 de large sur 0^m003 d'épaisseur et porte, près de sa naissance, de petites entailles parallèles, gravées au burin.

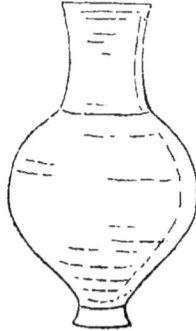

(Fig. 34). Vase de l'époque chrétienne.

La poterie qui renfermait la cuiller était un vase gris perle à col évasé et de base étroite. J'ai fait la découverte de ces deux objets à Saint-Marcel, dans une sépulture chrétienne, appartenant certainement à la fin de l'époque Gallo-Romaine (fig. 34).

F . I .

. F . S .

F . I

F . I .

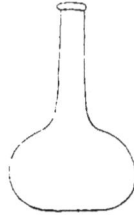

PL. 6 .

E. TOULOUZE

IV.

(Ancien quartier St-Marcel)

Sépultures chrétiennes, sur la rive droite de la Bièvre.
(IVᵉ et Vᵉ siècles)

§ I.

Quelques sarcophages en pierre et des sépultures à même le sol, que j'avais trouvés aux nᵒˢ 2, 4 et 6 du boulevard Arago, appartenant au moyen âge, ne contenaient rien qui pût intéresser l'Archéologie.

Aux maisons portant les nᵒˢ 2, 4 et 6 du boulevard de Port-Royal, je rencontrai des sépultures chrétiennes, qui renfermaient des vases curieux, vase en terre, vase à anse en terre grise, et deux petites ampoules placées au bas de la *planche* portant le nᵒ 1, les deux premières figures 1 et 5 sont au 1/5 de la grandeur de l'original et les deux dernières de 1/2 grandeur. Ces sépultures faisaient partie du Champ, qui fut reconnu avenue des Gobelins à l'emplacement des nᵒˢ 6, 8, 10, 12, 14, 16 et 18 et où j'ai recueilli des monnaies romaines appartenant surtout à l'époque de Constantin le Grand, des verreries (la verrerie ne se rencontre que dans cette partie du quartier Saint-Marcel) et de fort belles poteries. Si l'on opérait des fouilles dans la cour du lavoir situé au nᵒ 16 de l'avenue, on trouverait encore certainement des poteries rouges, grises et noires, en forme de coupe ou ayant le col allongé.

La vaste nécropole dont il s'agit ici appartient à deux époques parfaitement distinctes. La première époque comprenant de simples fossés, creusés en terre pour recevoir des cercueils de bois et quelquefois de pierre, dont l'orientation n'était pas régulière, comme je

J'ai déjà remarqué à la rue Nicole (ancien clos des Carmélites) et dans les jardins de la Maternité.

La seconde époque présente deux caractères qui la différencient de la première. Les sépultures regardaient invariablement le Levant, et renfermaient presque toutes des sarcophages en pierre, déposés à une profondeur moins considérable que les cercueils de la première époque. Les fosses n'étaient pas serrées les unes contre les autres, et leur alignement n'était pas observé. Leur profondeur ordinaire variait entre 1ᵐ10 et 1ᵐ65. Les plus profondes étaient celles qui renfermaient des cercueils de bois. Quelques sarcophages n'étaient recouverts que d'une couche de terre de 15 à 25 centimètres d'épaisseur. Ce Champ de sépultures chrétiennes était situé entre la rivière de Bièvre et l'avenue des Gobelins. Le sol, en partie couvert de constructions depuis plusieurs siècles, avait été certainement remué aux abords de la rue Mouffetard. Ces constructions étaient entourées de jardins, dont la terre végétale recouvrait le sol ancien d'une hauteur de 1ᵐ50. Les sépultures qui se trouvaient dans ce sol n'avaient donc pas dû être violées. Le niveau du terrain ancien était même à plus de trois mètres au-dessous de l'avenue des Gobelins en face le nᵒ 14, où j'ai fait les découvertes les plus intéressantes dans ce cimetière.

Dans les fouilles faites en cet endroit, j'ai rencontré les fondations de maisons appartenant aux XIIᵉ et XIIIᵉ siècles. Je vais suivre, dans leur ordre, les diverses fosses qui furent ouvertes.

Fosse 1. — Sous une couche de sable mélangé de terre grise, M. Chapeau, chef de chantier, dont j'avais pu apprécier l'intelligence et le dévouement, mit à jour un sarcophage en pierre, qui fut enlevé immédiatement. La longueur intérieure mesurait 1ᵐ70 et la largeur aux épaules 0ᵐ45. Sous une couche de sable très fin, qui l'emplissait presque complètement, ce cercueil contenait le squelette d'une jeune femme, dont le crâne, dégagé avec soin, était en fort bel état de conservation ; malheureusement la chute d'une pierre brisa le pariétal gauche. Les maxillaires sont complets, et si jamais le mot perles put être appliqué à des dents, ce fut certainement à celles de cette jeune femme. La structure, quoique petite (1ᵐ40), est remarquable par ses proportions, d'après l'examen des os des bras et des jambes, que j'ai trouvés bien conservés.

Près de la tête, au-dessus de la clavicule droite, était placé un gobelet d'une contenance de 25 centilitres à peu près et un verre

mince, d'une irisation admirable et assez semblable à l'argent
bruni. Il était plein de sable, et au contact des doigts il se brisa
en cinq morceaux, que je recueillis précieusement (fig. 35). Sous la
tête, dans le sable, il y avait une pièce romaine très fruste, à l'effigie de Constantin. A la hauteur de l'iliaque gauche, je trouvai un
bracelet en bronze rompu en quatre morceaux. Il était à l'avant-
bras gauche et reposait sur le radius et le cubitus.

Fosse 2. — Dans un sarcophage de 1^{m}95 de longueur intérieure,
sur 0^{m}48 de largeur aux épaules, et dont la pierre avait une épaisseur de 0^{m}14, j'ai ramassé à droite de la tête d'un squelette en
mauvais état un gobelet en verre (1), dont les quatre morceaux
réunis forment un ensemble remarquable. Ce vase a un diamètre
de 0^{m}09 et une hauteur de 0^{m}06 et demi ; l'épaisseur du verre qui
est de 0^{m}003 aux bords ne compte plus qu'un millimètre à la base.
Les dents de ce squelette étaient fort belles et bien rangées.

(Fig. 35). Vase à boire (en verre). Sépulture chrétienne.

Fosse 3. — Le sarcophage de cette fosse contenait une *ampulla*
en verre, semblable, quant à la forme et au volume, à une grosse
poire d'Angleterre. Malheureusement elle était brisée en plusieurs
morceaux, que j'ai ramassés avec le plus grand soin et que j'ai rap-
prochés avec beaucoup de difficulté, étant donné le peu d'épaisseur du verre, qui ne dépasse pas celle du papier à dessin (*planche*
8). Je suis parvenu cependant à reconstituer ce petit vase, dont la
hauteur est de 0 m. 13 et le diamètre 0 m. 06 et demi. Les ossements du squelette étaient bien conservés.

(1) Les vases en verre sont rares ; leur fragilité ne peut résister à l'humidité. Quand
on les trouve, ils sont presque toujours cassés et sont généralement blancs ou d'une teinte
verdâtre, mais j'en ai trouvé de couleurs diverses.

Près du sarcophage, j'ai trouvé un fragment de coupe en verre, extrêmement fin et orné de trois beaux reliefs (*planche* 8).

Fosse 4. — J'ai recueilli dans le sarcophage, long de 1 m. 92 et large de 0 m. 44, un vase en verre qui se trouvait près du temporal, à droite de la tête du squelette. Ce vase, d'une contenance de deux litres environ, a la forme d'un tonneau allongé. Il est orné de moulures assez semblables aux cercles de nos futailles et placées en haut et en bas; il est fermé aux deux extrémités et n'a qu'une ouverture de forme carrée, aux bords arrondis, par laquelle sortait le liquide. L'épaisseur du verre était d'un millimètre ou d'un millimètre et demi aux flancs et aux bouts; à d'autres places elle était comme celle d'une feuille de papier à dessin. Ce vase est la *cupa*, sorte de petite barrique, dont se servaient les anciens pour mettre du vin ou tout autre liquide. Je dois déclarer qu'il est le seul de

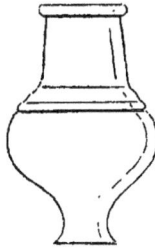

(Fig. 36). Vase chrétien.

ce genre que j'aie rencontré dans mes recherches archéologiques à Paris; je l'avais trouvé brisé en plusieurs morceaux, que j'ai heureusement réunis pour lui rendre sa forme primitive (*planche* 9, fig. 4).

Fosse 5. — La sépulture à même le sol se trouvait sous le sarcophage de la fosse n° 1. Le squelette était en bon état de conservation. J'y ai ramassé des clous de fer de 0 m. 15 à 0 m. 18 de longueur, auxquels adhéraient encore des fragments de chêne, que l'oxyde de fer avait protégés. Il y avait aussi dans cette sépulture un vase en pâte tendre, cuite à une faible température, dont le type se rencontre rarement.

Fosse 6. — Sarcophage de 2 m. de long sur 0 m. 47 de large à l'intérieur à la hauteur des épaules, et de 0 m. 11 d'épaisseur. J'ai trouvé, près de la tête, un très joli vase en terre, d'un ton gris perle.

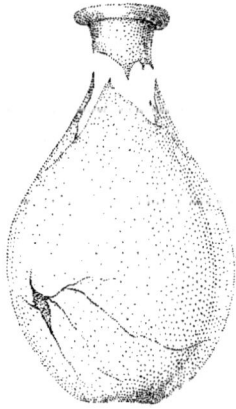

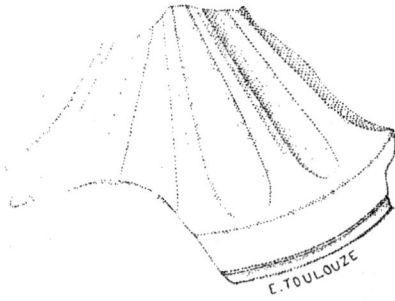

E.TOULOUZE

PL. 8.

F . 4

F. 6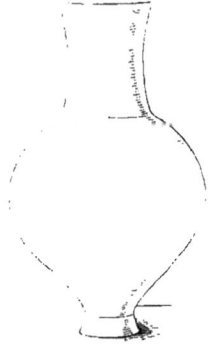

F. 15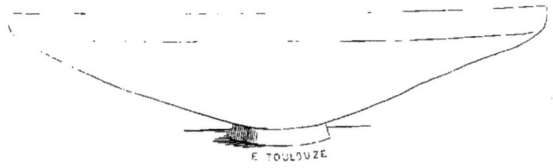

E. TOULOUZE

PL. 9.

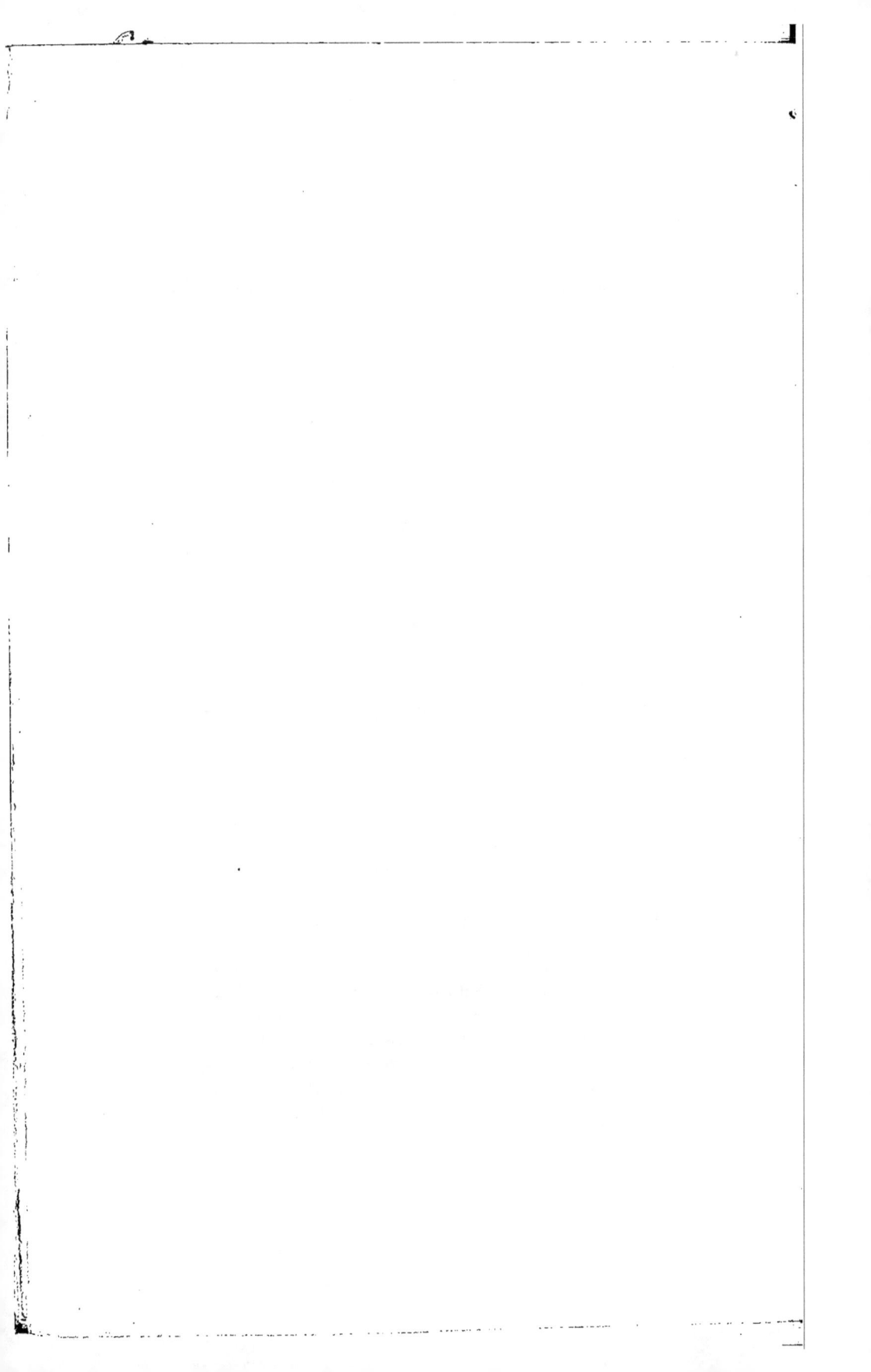

Ce vase, d'une pâte dure et d'un vernis fort beau, mesurait o m. 16 de hauteur sur o m. 09 et demi de diamètre à sa partie la plus large, et seulement o m. 04 à sa base. Le col, élégamment évasé, avait un diamètre de o m. 05 (fig. 36). Sous les maxillaires se trouvait une monnaie à l'effigie de Claudius, grand bronze de belle conservation.

Fosse 7. — Cette fosse fut ouverte le 30 avril 1880. J'étais seul avec le chef de chantier, dont l'aide me fut fort utile. Il nous fut impossible de lever le couvercle du sarcophage; il avait o m. 18 d'épaisseur et 2 m. 25 de longueur; nous n'avions pas les leviers nécessaires et seuls possibles pour soulever cette masse. Nous avons dû faire une tranchée à côté du sarcophage et briser la

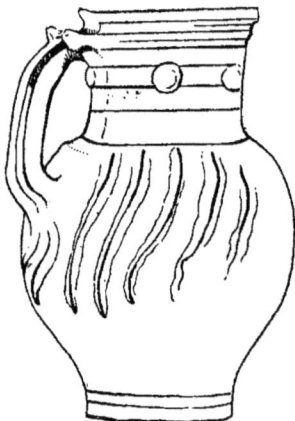

(Fig. 37). Pichet à reliefs, du XVe siècle.

pierre, à la hauteur de la tête. L'intérieur du cercueil était rempli d'un sable fin, au milieu duquel je dus fouiller à la main. Les ossements tombèrent en morceaux au contact de mes doigts, sauf le crâne et les condiles. J'ai pu recueillir dans ce sable des fragments de verre très irisé, mais se pulvérisant au toucher. Une monnaie à l'effigie de Trajan, grand bronze, fut ramassée par mon aide. Un fait, tout à fait curieux, que je constatai dans cette fosse, ce fut la teinte verte et la conservation du crâne, dues sans doute à la pièce de bronze, placée directement sur lui. L'occipital manque à cette tête, que j'ai conservée dans ma collection avec la monnaie romaine remise à la place qu'elle occupait.

Dans cette même sépulture, j'ai trouvé un vase en terre de couleur gris perle avec anse, et une petite *ampulla* en verre de teinte violette, décorée de côtes en relief disposées longitudinalement. Non loin de cette fosse se trouvait un puits sans ciment, construit sans doute du XIIᵉ au XIVᵉ siècle et faisant partie d'anciennes maisons. Dans la bourbe produite au fond de ce puits par les eaux ménagères, je découvris quelques vases curieux et de fort belle conservation, appartenant aux XIIIᵉ, XIVᵉ et XVᵉ siècles (fig. 37, 38, 39).

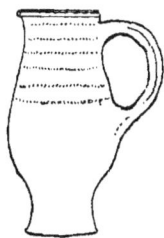

(Fig. 38). Pichet à émail plombifère,
XVᵉ siècle.

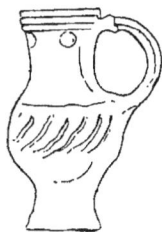

(Fig. 39). Pichet à reliefs,
XVᵉ siècle.

Fosses 8, 9, 10 et 11. — Les sarcophages de ces fosses ont été violés aux XIIᵉ, XIIIᵉ ou XIVᵉ siècles, pour la construction de maisons de cette époque.

Fosse 12. — Sépulture à même le sol; squelette bien conservé, maxillaires avec toutes les dents.

Fosse 13. — Sarcophage en pierre de 1 m. 98 de long sur o m. 43 de large à l'intérieur, de o m. 14 d'épaisseur. Ossements en mauvais état de conservation. *Ampulla* en poussière.

Fosse 14. — Près de la fosse précédente, on rencontre un puisard, construit en pierres sèches, sans ciment ni mortier, rempli de terre et de cailloux. Ce puisard se trouvait en bordure de l'avenue des Gobelins et sous la cave d'une ancienne maison. Il fut déblayé le 12 mai 1882, et, dans la terre humide et noire, qu'on en avait retirée, je fis des recherches. J'ai trouvé alors une quantité considérable de poteries appartenant aux XIIᵉ, XIIIᵉ, XIVᵉ, XVᵉ et XVIᵉ siècles, et dont quelques-unes étaient fort bien conservées. Voici la nomenclature des plus importantes (1).

Une poterie, qui était au fond du puisard, attira mon attention. Je la crois unique, comme forme et comme émail; je n'en ai pas vu de semblable dans les Musées de Paris. Elle doit appartenir au XIIIᵉ ou au XIVᵉ siècle, et elle devait remplir l'office de nos bouilloires, si j'en juge par sa base qui portait encore des traces de feu. L'émail jaune, qui la recouvre en partie, et les appliques en terre qui la décorent rappellent les pichets des XIVᵉ et XVᵉ siècles. Un émail rouge, peu fusible, à base de fer, complétait parfaitement l'ensemble de la décoration. Sa contenance est d'un litre (fig. 40).

(Fig. 40). Poterie à reliefs, XIVᵉ siècle.

Une petite statuette fort rare, mais malheureusement très fruste, fut aussi ramassée : elle appartient, croyons-nous, au XIVᵉ siècle, si l'on considère l'émail qui la recouvre et le genre de coiffure dont la tête est enveloppée. Le dessin donne la grandeur de l'original (fig. 41).

Quelques poteries des XIVᵉ, XVᵉ et XVIᵉ siècles, d'un genre unique, avaient une coloration fort riche et portaient, en lettres gothiques, différentes inscriptions sur les flancs, à l'instar de la coutume grecque et par allusion à leur emploi: *Vive le jeu qui est icy! Vive le bon roy! Vive le bon vin!* On sait que, chez les anciens, chez les Grecs particulièrement, les vases à vin, les coupes à boire

(1) Suivant des Statuts, accordés, en 1456, aux potiers de terre, nous voyons que cette corporation commença à se grouper sous le règne de Charles VI. Les potiers d'étain n'eurent leurs statuts qu'en 1613; l'apprentissage était de dix années et trois ans de compagnonnage, pour lesquels on devait payer 19 livres. La maîtrise ne s'obtenait qu'en présentant un chef-d'œuvre et en versant la somme, relativement élevée pour cette époque, de 500 livres.

Les corporations des vitriers et des faïenciers s'ajoutèrent plus tard aux précédentes.

étaient historiées de devises bachiques: *Bois et ne dépose pas.* — *Salut et bois-moi.* — *Réjouis-toi.* — *Bois-moi.* — *Vide-moi.* — *Le beau garçon.* — *La belle fille.* — *Evohé* (cri des fêtes de Bacchus).

Des jetons du moyen âge nous offrirent aussi leurs devises: *Vive le bon vin de France.* — *Vive le bon roy de France.* — *Vogue la galère de France.* Nous relevâmes encore des tirelires du temps de Charles VI, garnies de pièces d'argent, et des sifflets servant de

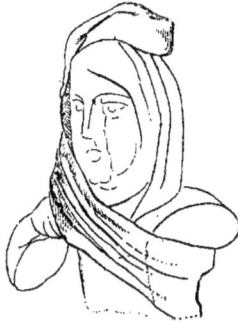

(Fig. 41). Statuette émaillée.

jeux enfantins. Leur conservation est parfaite, ainsi que celle des émaux jaunes, rouges et verts qui les décorent. Leurs reliefs ont belle apparence. Le lecteur s'en rendra compte par les dessins (fig. 42, 43). L'un de ces sifflets avait une tête d'oiseau et pouvait

(Fig. 42). Sifflet du XVIe siècle.

appartenir au XVe siècle. Un autre avait une tête humaine et remontait sans doute au XVe ou au XVIe siècle (fig. 44).

Les poteries appartenant à la sombre époque médiévale sont fort

rares ; cela tient à ce que, ces vases ne servant que des besoins pu-
rement domestiques, on les jetait au rebut dès qu'ils ne répon-
daient plus à leur objet d'utilité. En outre, la coutume n'existait
plus de déposer un mobilier funéraire auprès des morts, coutume
qui avait du bon, puisqu'on lui doit, avec les enrichissements de
tant de précieuses collections, de si vives lumières sur tous les
usages de la famille antique. C'est pourquoi nous avons recueilli
très précieusement les débris variés de la céramique de nos pères.

Toujours dans la bourbe extraite de notre puisard, je déterrai un
pichet du XIVᵉ siècle, d'une contenance de 1 litre 60 centilitres.
L'extrémité supérieure de l'anse comporte deux trous circulaires,
disposés apparemment pour recevoir une charnière pouvant faire
jouer un couvercle, lequel couvercle ne put être retrouvé. Cette
poterie, selon nous, doit avoir été abandonnée après la perte de son

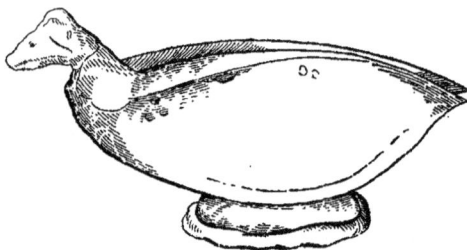

(Fig. 43). Sifflet émaillé du XVIᵉ siècle.

complément supérieur (fig. 45). Divers autres pichets s'offrirent
encore à ma main ; les uns émaillés en jaune, décorés de reliefs et
d'appliques, d'une contenance de 85 à 90 centilitres ; les autres
émaillés en jaune et vert, décorés aussi de reliefs et pouvant contenir 150 à 170 centilitres. Ces sortes de pichets appartiendraient
aux XIVᵉ et XVᵉ siècles. Un dernier pichet à gros ventre, pouvant
contenir 2 litres 10 centilitres, fut enfin ramassé. Emaillé en jaune
et décoré d'incrustations, il appartient au XIVᵉ siècle. L'émail de
tous ces pichets, jaune ou vert, n'a pas grande épaisseur ni consis-
tance. La mine était féconde. Le même endroit nous fournit un
plat rouge, d'un diamètre de 0 m. 25 et orné d'un travail en creux
émaillé de jaune. Il date du XVᵉ siècle, et l'analogue se rencontre
rarement. Enfin nos ouvriers tirèrent de l'inépuisable puisard plus

de quarante poteries, pots à anses ou pichets des XIVe et XVe siè-cles, plats, assiettes, ustensiles en terre, des XVe, XVIe et XVIIe siècles.

Dans ce même puisard, nous recueillons des fragments de *scrip-toris*; ces objets, d'une origine aussi ancienne que les poteries dont il vient d'être question, étaient des stylets en plomb, qui servaient à écrire et qui appartiennent aux XIIIe et XIVe siècles.

Ce petit plomb était absolument l'indispensable de l'écolier; il est inconnu sans doute de nos lecteurs: nous n'en possédons que de très rares échantillons, nous nous faisons donc un plaisir de les publier. L'un de ces petits outils porte, à sa partie supérieure, une décoration de forme demi-lunaire; entre deux lignes courbes nous lisons l'inscription suivante: KAROLI SCRIPTORIS. Au mi-

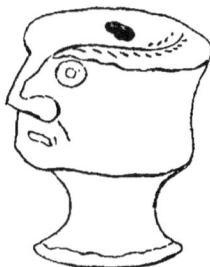

(Fig. 44). Sifflet en terre émaillée, XVIe siècle.

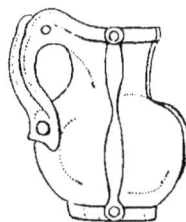

(Fig. 45). Poterie à couvercle plombifère et à reliefs.

lieu nous voyons des rinceaux et deux *scriptoris*, dont l'ornement supérieur est un trèfle. L'extrémité inférieure est reliée au fût par un nœud à jour à quatre feuilles.

Au revers, ce *scriptoris* offre dans le champ une fantaisie assez familière à la décoration, en cette époque. Elle représente un singe accroupi qui porte à sa bouche un fruit avec sa main gauche, et qui semble se gratter de la main droite. L'animal est enveloppé aussi de rinceaux. Ce singe figure l'enseigne du fabricant, ou c'est une fantaisie de l'ouvrier.

Le deuxième *scriptoris* présente, à sa partie supérieure et dans le champ, l'image de saint Nicolas; ce saint se voit souvent représenté sur ces plombs comme le patron des enfants et des écoliers, dont cet instrument était le serviteur indispensable. La main droite du

Saint tient la crosse, de la gauche il donne sa bénédiction. Le revers du même est décoré de la figure de la vierge, tenant dans ses bras l'enfant Jésus; les rinceaux disposés autour de la figure sont très

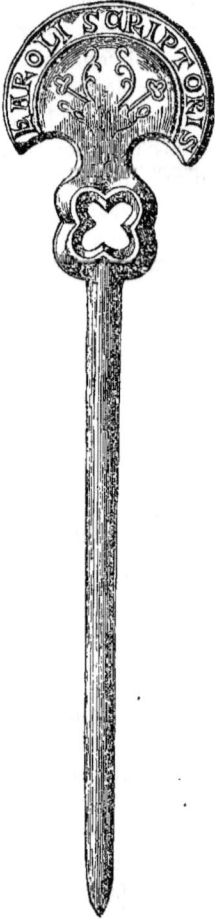
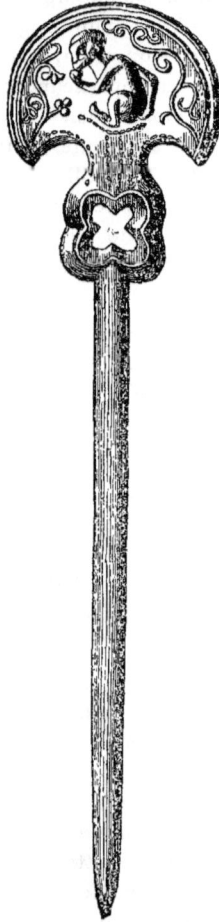

(Fig. 46).   (Fig. 47).

décoratifs et d'une bonne exécution comme dessin (fig. 46, 47, 48, 49).

7

Fosse 15. — Le 28 Juin 1880, une tranchée fut ouverte pour les fondations du mur mitoyen des maisons n°s 14 et 16 de l'avenue des Gobelins. Je ne tardai pas à être persuadé que nous étions sur

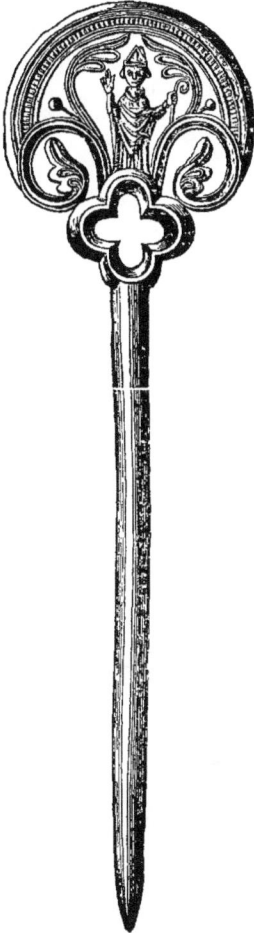
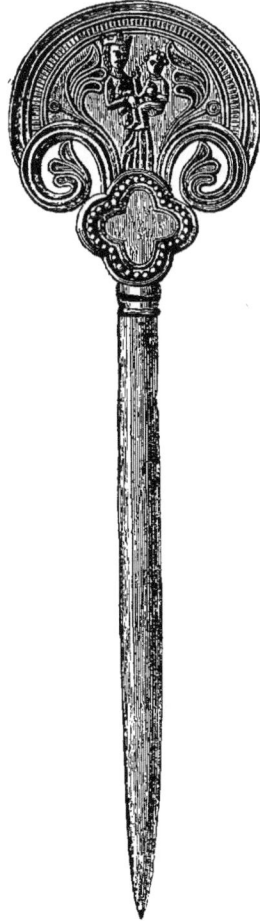

(Fig. 48).   (Fig. 49).

une sépulture à même le sol. Le travail de déblaiement, conduit par M. Chapeau avec tout le soin possible, amena des résultats fort satisfaisants.

Enfin, après mille précautions, on parvint à dégager le crâne, dont la conservation était fort belle. Je commençai par recueillir une belle bouteille en terre rouge, sorte d'amphore dont la forme était des plus gracieuses (fig. 50) ; elle mesure 0ᵐ16 de haut sur 0ᵐ13 de diamètre. Mais, en cherchant à dégager complètement la tête du squelette, quelle ne fut pas ma surprise de rencontrer les contours d'une coupe très grande, d'un mètre de tour, dans laquelle reposait le crâne, possédant toutes ses dents.

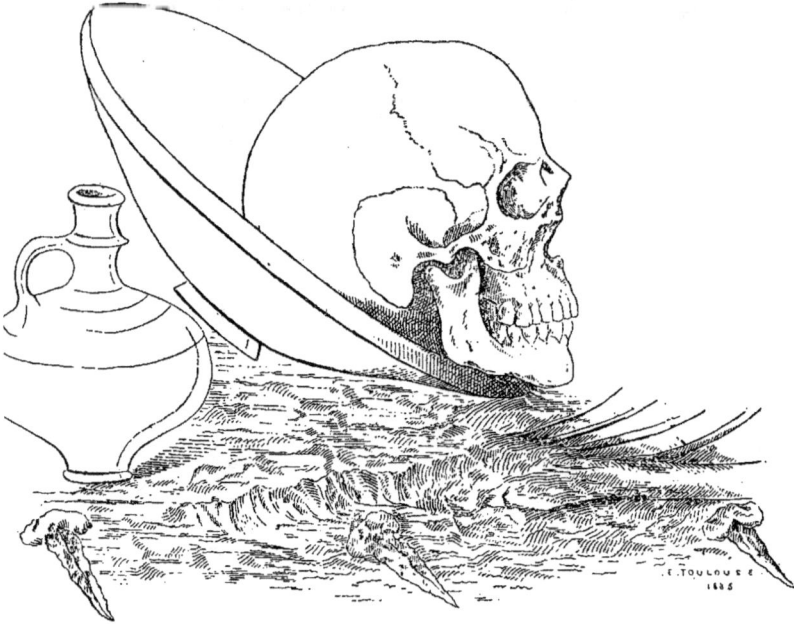

(Fig. 50, 51). Sépulture chrétienne à Saint-Marcel.

Cet ensemble, si curieux, fait aujourd'hui partie de notre collection, où est déposée pareillement dans la coupe la tête, qu'on y avait placée sans doute au moment de la mise en cercueil ; on avait glissé sous la tête du mort ce *catinum* ou coupe en terre, de même nature et de même fabrication que l'amphore (fig. 51). Auprès de ces raretés se trouvait une monnaie, à l'effigie de Constantin. Autour du squelette étaient épars quelques clous de cercueil, des fragments de verre irisé et aussi des fragments de poteries empreints du *sigillum*. L'un de ces fragments représente un lion avec un guerrier, et un autre deux lutteurs ou pugilistes. Ce genre de poteries se distingue par le soin qui était apporté à la préparation de la pâte, par la parfaite exécution de la forme et par la finesse de l'émail. La pâte, d'un rouge brillant assez semblable à la cire à cacheter, très dure et très fine en même temps, ne fait pas effervescence avec l'acide nitrique, comme le prouve la coupe dont je viens de parler et dont je n'obtins le nettoyage complet qu'en la lavant dans un bain moitié eau et moitié acide nitrique, sous l'action duquel la terre se détacha et l'émail rouge apparut dans tout son éclat. Cette terre, employée surtout à la fabrication des poteries de luxe, faites au tour ou au moule, devait avoir un grain très fin, qui permît de rendre fidèlement le relief attendu par l'artiste.

Quelques-unes de ces poteries se sont rencontrées, qui portaient un nom, incrusté dans l'argile après la cuisson à l'aide d'un poinçon de fer ou d'une pointe de couteau très effilée, qui ne laissait aucune bavure. Ce type de poterie, décoré de reliefs, se découvre très rarement à Saint-Marcel ; encore ne se rencontre-t-il qu'en fragments importés probablement des hauteurs du *mons Lucotitius*.

La forme néanmoins de ces poteries est diverse et d'une pureté admirable. La finesse des filets et des contre-filets en creux ou en relief, que l'on remarque sur tous les vases, indique chez l'ouvrier potier-tourneur une grande sûreté de main. La décoration varie avec chaque poterie ; mais la disposition des ornements est toujours très régulière. Les figures nues sont fort bien étudiées. J'ai devant les yeux un fragment, sur lequel se remarque un petit gladiateur, armé pour le combat, haut de deux centimètres, dont les proportions sont admirablement observées, malgré la difficulté que présentait le modelé d'une figure de si petite dimension. Les sujets — scènes mythologiques, gladiateurs, lions, chevaux, chasses, groupes de fleurs, etc. — sont entourés ou séparés par des ornements en feuillage, d'un effet remarquable. Enfin ces fragments de poteries peuvent donner des renseignements exacts sur les mœurs et les costumes qui existaient à l'époque ou elles furent exécutées. — J'attire particulièrement l'attention sur un de ces fragments de terre rouge, qui porte deux personnages de 35 millimètres de hauteur et complètement nus. L'artiste a sans doute voulu représenter une scène de lutte ou de pugilat, quoique les deux combattants ne soient pas armés du ceste ou gant des athlètes. Le lutteur de gauche, vu de profil, semble parer du bras gauche un formidable coup de poing, que lui destine son adversaire, qu'on voit de face ; il se tient en garde, les jambes écartées. L'autre est moins bien placé, son bras droit est levé et l'avant-bras gauche est porté à hauteur de la tête. L'action est fort vive, les proportions bien observées, mais les bras et les têtes sont légèrement écrasés, par suite, sans doute, d'une pression avant la cuisson. Ce fragment d'un vase appartenant à l'époque Gallo-Romaine est décoré d'oves à sa partie supérieure, et des fleurs, sorte de crucifères, entourent les personnages. Le vase, obtenu au moulage, avait été terminé au tour, comme l'indiquent quelques cercles concentriques dans la pâte.

Presque toutes ces poteries portent, avons-nous dit, un *sigillum*. Cette empreinte était faite avant la cuisson, au fond du vase, à l'aide d'un sceau, fixé à l'extrémité d'une tige de fer ou de bronze. Ce *sigillum* était la marque du fabricant.

Veut-on quelques exemples de ces sortes de marques de fabrique ?

J'ai trouvé celles-ci, au quartier du Panthéon ; elles appartenaient aux Iᵉʳ, IIᵉ et IIIᵉ siècles : OFIC BILICATI — PAVLINI — CINTVGNATV — ANDINA — OFICINA IVLICCI — I, RS — OFF, CES — MARCEI· TI· — E· qACINA — OFF SAB — TORNO — Ce dernier *sigillum* est imprimé dans une poterie en terre grise, cuite à une haute température, et provient des fouilles de l'ancien couvent des Jacobins. Les autres sont marqués dans des vases en terre rouge.

En voici, de la même époque, rencontrés au Val-de-Grâce :
SAMILLIM — L. CAESAE   ETIC   sur une lampe.
                           TAC
                           TOC

Dans les champs de sépultures de l'Arbalète, je n'ai distingué qu'un *sigillum*, très fruste, VNA.

Quant aux poteries du quartier Saint-Marcel, elles portent rarement la marque de l'atelier d'où elles proviennent.

Fosse 16. — Sépulture d'enfant, où je fis une trouvaille, dont l'importance spéciale mérite que nous reproduisions, à ce sujet, dans le paragraphe suivant, quelques-unes de nos considérations publiées par le journal *L'Union médicale*, sur l'allaitement artificiel à l'époque Gallo-Romaine.

Aussi bien nous aurons terminé notre inventaire nécrologique, quand nous aurons dit que, vers la fin des travaux, comme on exécutait une tranchée en bordure de l'avenue des Gobelins, nous recueillîmes une bouteille à long col, en verre remarquablement irisé.

§ II.

L'ALLAITEMENT ARTIFICIEL A L'ÉPOQUE GALLO-ROMAINE.

Sans être absolument affirmatif sur l'emploi de ces petites poteries dont je vais parler, je dois déclarer, dès maintenant, qu'elles ont été trouvées dans des sépultures d'enfants de 6 à 15 mois. Ce fait seul est suffisant, suivant moi, pour faire supposer que ces *guttus* servaient à l'allaitement artificiel des enfants. Dans toute espèce de sépultures autres que celles des enfants en bas âge je n'ai jamais vu d'objets semblables.

Les moyens artificiels de remplacer le sein de la mère ne sont pas d'invention moderne.

La fonction des nourrices remonte à la plus haute antiquité. Chez les Grecs, les femmes riches et même les femmes du peuple se déchargeaient volontiers sur une esclave de ce devoir sacré, je veux parler des soins à donner aux jeunes enfants.

Chez les Germains, au contraire, dans tous les rangs de la société, « on laisse les enfants nus, dit Tacite ; ils sont allaités par leurs « mères, qui n'ont point au-dessous d'elles d'autres femmes pour en « prendre soin ; et c'est ainsi que se forment ces hommes, dont nous « admirons la taille et la vigueur ».

S'il est établi que les anciens se soient servis de la nourrice pour élever leurs enfants, il n'en est pas de même quand il s'agit du biberon.

La logique cependant pourrait m'autoriser à affirmer que l'allaitement artificiel était connu à une époque assez reculée, car les *guttus* que j'ai trouvés appartiennent au temps de la domination Romaine.

Ces petits vases ont différentes formes, mais ils possèdent tous un mamelon. Le lecteur en jugera aisément par les figures, jointes au texte.

Une fouille, faite en bordure du n° 14 de l'avenue des Gobelins, m'en fournit un tout d'abord. Il gisait dans une sépulture d'enfant, à même le sol. D'après le squelette bien conservé, cet enfant pouvait avoir l'âge de huit mois. Les dents étaient dans leur alvéole, sauf deux incisives, qui avaient dû percer les gencives avant la mort.

A droite de la tête, au-dessus de l'épaule, avait été placé un petit vase en verre très mince, fort irisé et en forme de biberon. Il avait de 9 à 10 centimètres de hauteur sur 7 de large, une ouverture de 3 centimètres et une base de 2 1/2 de diamètre (fig. 52).

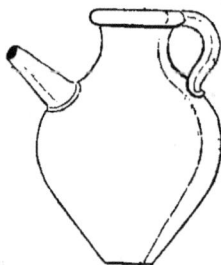

(Fig. 52). Biberon en verre. — Époque chrétienne.

A sa partie moyenne, on voyait un renflement du verre formant *guttus*, plus long et moins gros que le mamelon du sein.

Ce vase appartient, il y a presque toute certitude à l'affirmer, au IV\ :sup: ou V\ :sup: siècle, car une monnaie petit bronze, à l'effigie de Constantin le Grand, faisait saillie dans les cendres provenant de la décomposition du corps; et les autres curiosités trouvées sur ce même point appartiennent bien aux siècles précités.

A l'époque où je fis cette trouvaille, la crainte d'avancer une erreur grave, en déclarant que notre *guttus* devait servir à l'allaitement, me fit remettre à plus tard la publication de ma découverte. Aujourd'hui, après des rencontres réitérées de ce même objet, l'opinion n'est plus douteuse pour nous que ces petits vases étaient destinés à remplacer le sein maternel. Mais qu'à la première découverte notre émotion fut grande en face de cette curieuse sépulture, image de la douleur et de la sollicitude d'une mère, laissant un simple biberon comme le seul mobilier funéraire approprié à son petit enfant!

En avril 1878, dans une fouille exécutée rue Nicole, on mettait à nu un petit sarcophage en pierre de taille, assez grossièrement exécuté, de 0ᵐ96 de longueur sur 0ᵐ53 de largeur. Ne sachant trop ce qu'il pouvait renfermer, nous le dégageâmes avec des précautions infinies de la terre qui l'entourait. Cette opération achevée, nous procédâmes avec la plus minutieuse attention à l'ouverture du couvercle; un spectacle des plus étranges et des plus imprévus s'offrit à nos regards.

Ce sarcophage renfermait les restes d'un petit enfant, paraissant âgé de deux ans (l'âge indiqué par un témoin, propriétaire du sol exploré, de cette découverte semble exagéré et doit être réduit à 12 ou 15 mois), auprès duquel était placé une sorte d'ampoule en verre, d'un travail exquis et d'une beauté merveilleuse. La tête du petit mort se trouvait en partie couverte par une couche de ciment, assez épaisse. Après l'avoir délicatement enlevée, quelle ne fut pas notre surprise, en constatant que cette couche de ciment avait formé sur la tête une sorte de masque, et avait pu, après dix-huit siècles, nous conserver intact le visage de l'enfant. Peut-être, dans l'opération du scellement de la pierre, cette couche de ciment, restée adhérente à la paroi du couvercle, s'en était détachée pour aller se fixer sur la tête de l'enfant et en recevoir l'empreinte.

Une simple opération de moulage, faite sur place, a suffi pour reproduire exactement la figure de ce petit habitant de Lutèce, mort il y a dix-huit cents ans. Nous avons été témoin de cette découverte; et nous avons pu constater que le *guttus*, trouvé auprès de l'enfant, était assez semblable à celui que nous avions découvert à Saint-Marcel, et qu'il possédait une espèce de tube devant remplir la fonction du sein. L'étranglement du col de tous ces vases semble fait pour éviter la déperdition du liquide pendant la succion.

Deux découvertes, plus récentes, semblent en confirmer l'usage, et les deux biberons dont nous allons parler ont été trouvés auprès d'enfants de six à dix mois.

Le premier provient du quartier de l'Observatoire, et remonte à l'époque Gallo-Romaine, comme le prouvent des monnaies trouvées au même endroit, portant l'effigie de Claude, de Domitien, de Faustine, de Valérien et de Florien.

Il était placé à droite du squelette et touchait l'humérus.

Il est composé de terre rouge brique micacée, cuite à une faible température, et faisant effervescence à l'acide nitrique; il devait laisser un goût de terre au breuvage qu'il contenait (happant à la langue). Il mesure 0ᵐ12 de hauteur sur 0ᵐ08 et demi de large, et vers le centre se trouvait le renflement qui devait remplacer le mamelon et dont la longueur était de 0ᵐ02. L'ouverture n'avait que 0ᵐ02 de diamètre et la base mesurait 0ᵐ03. On peut remarquer que l'anse est placée de telle façon qu'étant prise de la main droite le *guttus* se tourne vers la bouche. Sa contenance est de 15 centilitres environ (fig. 53). On sait que la poterie micacée se rencontre assez souvent : j'en ai trouvé beaucoup de spécimens dans le quartier de la Sorbonne (*Mons Lucotitius*).

(Fig. 53). Biberon en terre rouge. — Époque Gallo-Romaine.

Le deuxième a été découvert (à vingt-cinq mètres de celui de la rue Nicole et dans le même Champ de sépulture de l'époque païenne), dans le quartier du Val-de-Grâce ; il est remarquable d'élégance et de finesse. Ce *guttus* est haut de 0ᵐ10 et large de 0ᵐ08 ; son orifice mesure 0ᵐ02 et sa base 0ᵐ03 de diamètre. Le mamelon, de 0ᵐ16 de long, est percé d'une ouverture de 0ᵐ003. Sa contenance est de 10 centilitres environ. Ce petit vase est en terre rouge, sigillée, assez semblable à la cire à cacheter, d'une très grande finesse, et ne faisant pas effervescence à l'acide nitrique (fig. 54). Une monnaie, de 0ᵐ03 de diamètre, à l'effigie d'Hadrien, fut trouvée tout à côté.

Le musée d'Orléans possède deux petits vases munis, dit M. de Caumont, « d'une tétine ou biberon, que l'on croit avoir servi à » l'allaitement des enfants et qui auraient suivi dans le tombeau le

» jeune nourrisson à l'usage duquel ils étaient consacrés » (1). On a trouvé des vases semblables à Gièvres, à Soing et à Bordeaux.

Le 28 juillet 1884, le docteur A. Bordier écrivait, dans le journal *Le National*, les lignes suivantes :

« Les médecins ne cessent de gémir sur les progrès désastreux » que fait dans nos sociétés modernes l'allaitement artificiel des nou- » veaux-nés ; on accuse la dégénérescence des mœurs, le relâche- » ment des liens de famille ; et les admirateurs du bon vieux temps » poussent des gémissements sans fin. — Rien n'est cependant » neuf, pas même la dégénérescence des mœurs et l'oubli des » devoirs maternels.

» La société Gallo-Romaine comptait, comme la nôtre, un grand » nombre de mères que la coquetterie ou tout autre sentiment

(Fig. 54). Biberon en terre sigillée. — Époque Gallo-Romaine.

» empêchait de nourrir elles-mêmes leurs enfants. M. Toulouze a » trouvé récemment dans les fouilles Gallo-Romaines, faites dans le » quartier de l'Observatoire et du Val-de-Grâce, des sépultures » d'enfants : à côté du petit squelette se trouvait un petit vase en » verre très mince, fort irisé, en forme de biberon. . . . . .

. . . Il n'en est pas moins vrai que l'allaitement artificiel, pour » être ancien, est une pratique dangereuse et que nous devons » tout faire pour la combattre ».

Ne devons-nous pas attribuer à ce mode artificiel la mortalité effrayante que nous constatons chez les enfants en bas âge à diffé- rentes époques ? Il n'y a pas de doute que ce genre d'allaitement

(1) *Cours d'Antiquités Monumentales*, Paris, 1831 ; p. 255.

n'est qu'un sevrage en quelque sorte anticipé que les médecins repoussent aujourd'hui.

A la suite de la publication de ma découverte des *guttus* dans *L'Union Médicale*, M. le docteur Allaire, médecin principal de l'armée, à son tour publia l'article suivant:

« En lisant ce très intéressant feuilleton, j'ai compris l'émotion
» légitime de M. E. Toulouze à l'aspect des biberons placés dans
» les tombes des jeunes enfants Gallo-Romains à Lutèce, car je l'ai
» éprouvée moi-même, dans les mêmes conditions, en exécutant des
» fouilles sur le territoire de Jonchery (Marne) en août, septembre,
» et octobre 1876. — Je croyais ce fait déjà connu, alors que j'ai
» donné à la Société d'Anthropologie, dans la séance du 4 janvier
» 1877, la description de ces sépultures Gallo-Romaines datant du
» IVe siècle. Je disais alors, à propos de certaines discussions, que
» l'Académie de médecine aurait pu trouver dans ces fouilles un
» argument de plus en faveur de l'alimentation exclusivement
» lactée des nouveaux-nés, témoins les biberons en verre et en
» terre qui se sont rencontrés auprès des squelettes des petits en-
» fants, au lieu des côtelettes de mouton, des poulets, des lièvres,
» dont on voit les restes osseux sur les plats ou dans des vases
» pour les adultes ou les vieillards. La sollicitude maternelle allait
» encore plus loin, si l'on en juge par la sépulture d'un jeune
» enfant, dont le mobilier funéraire ne se composait pas seulement
» d'un biberon. J'y ai trouvé (fouille du 14 septembre 1876, faite
» en présence de M. le général Douai), à la hauteur de la hanche
» droite de l'enfant, un biberon en terre cuite et un vase de même
» matière cylindrique, dont l'ouverture est du même diamètre que
» la base, en outre une boule en poterie avec objet mobile à l'in-
» térieur, probablement un jouet d'enfant.

» Dans une autre (fouille du 7 octobre 1876), j'ai recueilli au
» niveau du bassin d'une femme adulte, quelques os et une tête
» de fœtus ou de nouveau-né, non loin de vases micacés et de
» débris d'un vase en verre très épais, que je pensais être un
» biberon. En résumé, je suis heureux que M. E. Toulouze ait eu
» la bonne pensée de divulguer ce point particulier, qui est très im-
» portant. J'ajouterai que les aliments placés auprès des adultes et
» des vieillards me paraissent différer, non seulement selon les
» goûts particuliers du mort, mais aussi d'après l'état de santé
» pendant la vie. Dans certaines sépultures, ce ne sont que des

» amphores, ou des vases à libation ; dans d'autres, on ne trouve
» que des os de mammifères sur des plats ; et dans d'autres encore
» des os d'oiseaux, des coquilles d'œufs ».

On sait que les Romains, après avoir été sobres, devinrent des gastronomes exagérés ; aussi les cuisiniers étaient-ils très recherchés par les personnages opulents. Tous les animaux furent éprouvés de ces gourmets, depuis le loir jusqu'au sanglier. Ils employèrent aussi tous les assaisonnements possibles, tels que la rue, l'assafétida, les graines de pavots, les olives, les figues confites de Lybie, le poivre, le vinaigre, le sel, le persil, la menthe, le cumin, l'ail, le sésame, les câpres, le fenouil, le cresson, la coriandre, le thym, etc.

Le pauvre vivait de quelques légumes, de farine bouillie, de pois frits. Aussi les riches gourmets appelaient-ils les malheureux plébéiens « mangeurs de pois frits ».

J'ai rencontré, comme M. le docteur Allaire, des approvisionnements funéraires, dans presque toutes mes fouilles ; une sépulture, entre autres, ouverte au Collège Sainte-Barbe, contenait des coquilles d'œufs parfaitement conservées et qui étaient placées au flanc droit d'un squelette de l'époque Mérovingienne.

Dans mes recherches et découvertes du Champ de sépultures du Camp antique de Pommiers près Soissons (Aisne), j'ai rencontré, dans presque toutes les poteries déposées près des morts, une quantité considérable d'ossements de moutons, de sangliers, de lapins, etc. (fouilles exécutées en 1880-81). Dans mes fouilles d'une grotte préhistorique, au village de la Celle-sous-Moret, j'ai, en compagnie de M. Bergeron-Champonaire, de Moret, rencontré dans une sépulture des noisettes, fort bien conservées.

Dans l'Ile Saint-Louis à Paris, j'ai reconnu au milieu de déchets de cuisine, des coquilles bivalves d'huîtres d'eau douce, des hélices terrestres, mêlées à des ossements de sangliers et de lapins, etc.

Tous ces déchets se trouvaient au milieu de pilotis d'habitations préhistoriques et d'ossements humains, pilotis qui étaient plantés sur la berge de la Seine en aval du pont Sully, quai de Béthune, à 9 mètres de profondeur en contre-bas du pont.

Telles sont nos recherches sur le vieux quartier Saint-Marcel, qui, de l'époque chrétienne à la fin du moyen âge, fut une nécropole pour les habitants de ce village et les Parisiens nécrolâtres, soucieux de mettre leur dépouille sous la protection de saint Marcel le bienheureux, lequel reposait aussi, au centre pour ainsi dire, des Champs des sépultures explorés par nous.

Nous avons éprouvé une grande satisfaction à relier le passé de nos ancêtres au présent, et à sauver, au profit de l'art et de la science, les derniers débris d'une société éteinte.

Eug. Toulouze.

Méreau de Saint-Martin.

MES FOUILLES

SUR L'EMPLACEMENT

DE L'ÉCOLE DE MÉDECINE

Bien que nos dernières recherches sur différents points du vieux Paris n'aient pas rencontré des antiquités d'un intérêt considérable, elles nous paraissent cependant n'être pas dénuées d'intérêt au point de vue de l'étude de l'industrie de nos ancêtres.

Nous croyons donc ne pas abuser de l'attention des amis du vieux Paris, en leur présentant d'abord une description sommaire des objets recueillis dans les fondations de l'ancien Collège de Bourgogne et dans les fouilles de la rue du Four, aux angles formés par les rues Bonaparte et des Ciseaux.

Il y a lieu de faire remarquer que les grands travaux de terrassements, exécutés depuis huit à dix siècles dans le sol parisien, ont fourni une quantité considérable de renseignements archéologiques, perdus pour l'histoire ; mais qu'il y a quelques années à peine on ne se préoccupait guère de rechercher les documents utiles à la reconstitution de l'industrie et des coutumes parisiennes ; on ne pensait pas davantage à recueillir les matériaux précieux, que, chaque jour, les tombereaux conduisaient à la décharge, enfouissant ainsi de nombreux documents pouvant servir à l'histoire et au plan de Paris.

Mais, aujourd'hui, quelle satisfaction pour l'explorateur de notre vieille Lutèce, s'il sauve une épave du vieux temps, qui enrichira les documents archéologiques déjà connus d'une intéressante découverte ou d'une révélation inattendue !

C'est ce qui s'est produit, en ces derniers temps, dans divers quartiers du vieux Paris de la rive gauche. Au Luxembourg (fouilles Grivaud, 1807) ; rue de l'École de Médecine ; rue du Four, aux angles formés par les rues des Ciseaux et Bonaparte ; au Collège Ste-Barbe, rue de l'Arbalète, St-Marcel, St-Hippolyte, St-Martin, avenue des Gobelins, nos 6, 8, 10, 12, 14, 16, avenue de Port-Royal 4, 6 et 8, (fouilles Eug. Toulouze, de 1880 à 1898) ; rue du Cardinal Lemoine, etc., furent rencontrés ces mille et un objets brisés, hors de service, rejetés dédaigneusement aux immondices, mais qui résistèrent à la pourriture du milieu dans lequel ils avaient été abandonnés, pour reparaître un jour, à la plus grande joie de l'explorateur du sol parisien.

Sans ces chercheurs acharnés du vieux Paris, à peine les terres apparaîtraient-elles qu'elles seraient de suite, avec leur contenu, transportées à une nouvelle décharge, ainsi que cela fut pratiqué pendant bien des années, dans lesquelles une partie du sol des quartiers Latin et de Saint-Marcel contribua à relever le niveau des prés de la Glacière, à faire disparaître et à couvrir de vingt mètres d'épaisseur de terre le petit bras de la rivière de Bièvre. Nous pouvons dire qu'une grande partie du sous-sol du XIIIe arrondissement renferme bien des ossements de Gallo-Romains, de Mérovingiens, ainsi que des monnaies, des bronzes, de la poterie, de la verrerie, des armes, enfin une quantité considérable d'antiquités précieuses, enfouies à plus de 50 pieds sous terre, qui composeraient un véritable Musée historique des produits Lutéciens.

Sachant que le plus souvent les ouvriers employés aux travaux de terrassements ne tiennent pas compte des objets rencontrés dans les terres chargées par eux dans les tombereaux, et que, en raison de leur faible volume, les documents les plus précieux sont perdus, tels que petits bronzes (instruments de chirurgie, agrafes, boucles, os travaillés), petite céramique (jouets d'enfant), fragments de poterie, je résolus d'explorer ou de faire explorer les diverses décharges. Nous eûmes le plaisir de trouver quelques épaves intéressantes, dont nous sommes heureux de publier ici quelques types, témoins de l'art et de l'industrie de nos ancêtres.

La partie en aile où se trouvait le muséum de l'École de Médecine vient d'être démolie, afin de faire place à des constructions en harmonie avec les nouveaux bâtiments, édifiés depuis quelques années.

Les substructions, qui viennent de disparaître (en partie), avaient été élevées sur les dessins de l'architecte Gondouin, et sur l'ancien collège de Bourgogne. Ce Collège, qui remontait à la première moitié du XIVᵉ siècle, avait été fondé par Jeanne de Bourgogne, reine de France (1), épouse de Philippe de Valois (dont le règne ne fut qu'une longue suite de maux pour l'humanité), qui donna par testament son hôtel de Nesle, dont le prix de vente fut employé à la fondation d'un Collège, destiné aux écoliers pauvres du comté de Bourgogne *qui voudroient faire leurs études à Paris.*

Les exécuteurs testamentaires firent l'acquisition d'une propriété située en face le couvent des Cordeliers, et lui donnèrent le nom de « *Maison des écoliers de Madame Jehanne de Bourgogne, reine de France* ».

Réuni, comme beaucoup de Collèges à l'Université en 1764, le Collège de Bourgogne fit place, en 1774, à l'édifice de l'École de Chirurgie, devenue depuis l'École de Médecine, que tout le monde connaît.

On comprend que ces différentes destinations eurent pour effet de changer, à plusieurs reprises, le dispositif des bâtiments et de remuer les terres. Le sol actuel est sillonné de fondations, construites en bons moellons et en blocs de pierres, quelquefois d'une épaisseur de 0ᵐ95 à 1ᵐ80, assemblés avec d'excellent mortier. De nouvelles fondations étant nécessaires pour le nouveau plan, le sol vient d'être coupé, tranché en tout sens, ce qui nous a permis d'étudier les terres remuées, bouleversées, transportées à la décharge.

La couche supérieure du sol exploré se compose d'un remblai de 4ᵐ50 d'épaisseur, appartenant aux XIIIᵉ et XIVᵉ siècles, dans lequel se rencontre le type, bien connu, de la poterie parisienne : lampes à couverte jaune, pichets de toutes grandeurs, casseroles à queue creuse en terre (fig. 1), dont nous retrouvons la forme, mais avec couverte verte, sous le règne de Henri IV.

Il y avait, aux XVIᵉ et XVIIᵉ siècles, un métier dont on ne connaît plus le nom, nous voulons parler du *figulus* (potier), qui donnait à la terre les formes les plus diverses, confectionnait des cruches ou

---

(1) Jeanne de Bourgogne mourut de la peste noire (peste bubonique), qui ravagea l'Europe pendant quatre ans.

Cette peste terrible commençait, ainsi que celle des Indes, par une sorte de tumeur résultant de l'engorgement inflammatoire des ganglions inguinaux.

pichets, des vases et des bouteilles de forme sphérique, avec un
long col, teintés d'une goutte d'émail (fig. 2), quelquefois entièrement couverts du vernis jaune ou vert, des aiguières de toutes
grandeurs (fig. 3), des lampes à bords ondulés, d'autres lampes sup-
portées par un fût en terre, reposant dans une cuvette formant soucoupe, des vases ayant la forme de la poterie pharmaceutique du
XVᵉ siècle, mais recouverts entièrement d'un beau vernis plombifère.

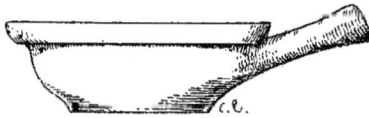

(Fig. 1).

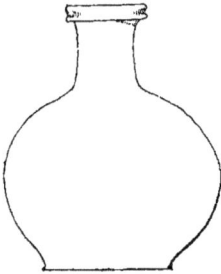

(Fig. 2).   (Fig. 3). Aiguière.

Enfin, tous les types semblent avoir été réunis ici pour l'étude des
formes de la poterie du Moyen âge : pichet à figure humaine, dont
nous rencontrons un spécimen orné d'émaux jaune, vert et rouge ;
en un mot de toute la gamme des couleurs employées à cette époque,
servant à l'ornementation d'une poterie précieuse, qui devait être un
vase destiné à contenir du vin, ainsi que semble l'indiquer la tête
de Bacchus qui le décore (fig. 4 et 5).

Viennent ensuite des poteries qui servaient à transporter des
liquides, sortes de hanaps, assez semblables au pot en étain qui
sortait des mains du *fusor cantharius*, qualifié encore de *maître
pothier d'étain* et *tailleur d'armes sur étain*.

8

Au-dessous du remblai on rencontre un sol noir, assez semblable au terreau de nos maraîchers ; ce terrain a certainement été cultivé dès la haute antiquité, nous voulons dire à l'époque de la domination romaine à Lutèce ; dans ces terres nous recueillons de beaux fragments de poteries sigillées d'une superbe conservation, avec des monnaies, à l'effigie des empereurs et impératrices : ADRIANUS, — 2 ADRIANUS, grand bronze, — TRAJANUS, grand bronze, — LUCILLA, — FAUSTINA, femme de Marc-Aurèle, — CRISPINA, — COMMODUS, — MAXIMINUS, — JULIA MAMEA, — VESPASIANUS, — FAUSTINA, type rare, — CONSTANTINUS NÉRO, petit bronze rare, — GRATIANUS et ARCADIUS.

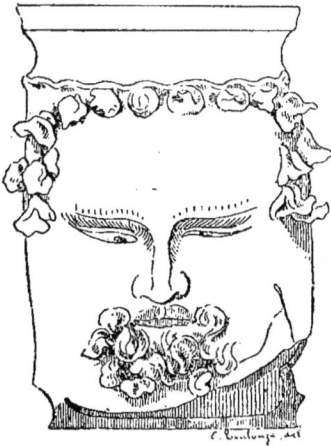 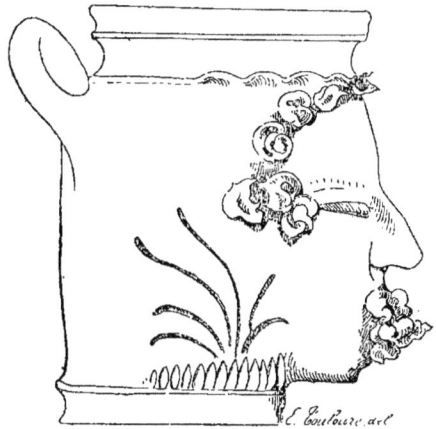

(Fig. 4). Face. (Fig. 5). Profil.

Plus bas encore, et sous ce terrain noir, d'une épaisseur de 1m50, se trouve une couche de terre vaseuse, transformée, à l'époque Gallo-Romaine, en terre de culture, puis vient le sol tufacé, qui précède le banc de calcaire de la rive gauche.

On voit que le sol contemporain des Césars est à 6 mètres en contre-bas de la rue de l'École de Médecine, et que le niveau primitif du terrain est bien changé depuis 1800 à 1900 ans, où, suivant les quartiers, ainsi que tout le monde le sait, il est couvert d'un remblai de 4, 5 et 6, même quelquefois 7 mètres d'épaisseur.

Au milieu de terres tufacées, nous recueillons la partie inférieure d'une grande poterie, dont la forme est inconnue de nous ; là préparation de la terre et son genre de construction ne laissent aucun doute sur l'époque à laquelle elle appartient.

Quatre contreforts partant de la base consolidaient les flancs de cette terre cuite, qui était d'une grande capacité; le fond en mesure 0^m14 de diamètre, l'épaisseur de la terre est de 0^m01 ; au point de jonction des contreforts qui s'élèvent parallèlement et en spirale aux flancs du vase, la poterie mesure 26 millimètres d'épaisseur.

La terre dont est formé ce témoin de l'industrie parisienne à l'Époque préhistorique est maigre et sèche, mal préparée, manquant de la silice qu'employaient avec succès les potiers Gallo-Romains, et même les potiers du Xe au XIIe siècle. On sait que, mélangée avec

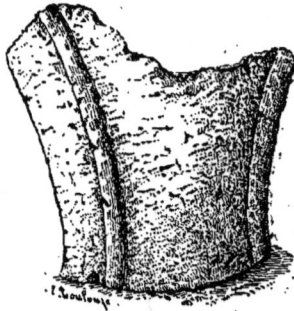

(Fig. 6).

d'autres substances et différents oxydes métalliques, elle forme cette poterie très dure connue sous le nom de *grès*; mais les hommes de l'Époque préhistorique ignoraient sa fusibilité et les services qu'elle devait rendre à la poterie domestique ; ils ignoraient aussi, le plus souvent, l'art de choisir la terre siliceuse et l'art plus important encore de l'exposer à une température assez élevée pour arriver à la cuisson complète. Nous avons dit que la terre était sèche et maigre, et nous devons ajouter qu'elle contenait une grande quantité de petits graviers siliceux (fig. 6). Malgré ses contreforts, notre monument est tombé en ruine; la partie supérieure du vase n'existe plus. Cette terre cuite devait se désagréger à l'humidité, et son séjour prolongé dans ce sol marécageux a été une des causes de sa destruction.

Nous pensons que la quantité considérable de petits graviers

(40 o/o environ) siliceux, contenus dans la pâte composant notre poterie, a été malaxée avec l'argile plastique, et cela intentionnellement, afin d'éviter le retrait et les fissures considérables qui se produisaient à l'essui et à la cuisson. Ces petits silex, non susceptibles de prendre du retrait, maintenaient la pâte et évitaient ces fissures, qui rendaient la poterie impropre aux besoins domestiques auxquels on la destinait.

La fabrication de la poterie peut être considérée comme l'art le plus ancien auquel se livra l'homme préhistorique ; on remarque déjà, dans cette première tentative industrielle et artistique, un goût, une élégance remarquable dans la forme très variée de ces objets, dont nous avons recueilli quelques échantillons, rue Le Goff à Paris (voy. *Revue archéologique*), à Saint-Mammès (Seine-et-Marne), sépulture néolithique (voy. *Revue d'Anthropologie*). Les ateliers préhistoriques de la vallée de Moret (Seine-et-Marne), — fouilles et découvertes E. Toulouze et Bergeron-Champonaire (voy. *Revue archéologique*) — offrent des formes toujours variées, aussi bien à la période néolithique qu'à celle du bronze.

Plus près de nous, à l'époque où la poterie Gauloise précède celle du Gallo-Romain, l'argile plastique, si commune partout et surtout dans notre région, était souvent mêlée naturellement d'un sable siliceux très fin et très fondant, qui rendait la combinaison du mélange plus intime, et augmentait ainsi la solidité et l'imperméabilité des vases chargés de contenir des liquides.

Mais, à l'époque où fut façonnée la poterie parisienne qui fait l'objet de nos remarques, le mélange des diverses matières composant la terre cuite était loin d'être fait avec des données appuyées sur la chimie et des connaissances nécessaires sur la température convenable pour amener la cuisson à bien ; aussi, le plus souvent, est-il impossible de recueillir en bonne conservation ces témoins de l'industrie préhistorique.

Dans un sol moins humide se trouvent quelques petites lampes en terre rouge brique de fort belle conservation ; elles sont monolychnes et sans anse, avec disques très heureusement moulurés. Au centre de l'une d'elles on remarque une ouverture de forme circulaire, par laquelle on devait verser l'huile ; sur une autre, cette ouverture est placée sur le côté en bordure du disque : ce genre de lampe se rencontrait, en 1889-90, dans nos recherches rues Gay-Lussac et Le Goff (*Revue archéologique*, 1890).

Vers la fin de nos recherches, nous recueillons encore sur le sol tufacé une petite lampe monolychne en terre jaune brique , munie d'une anse, percée d'un trou formant bélière. Elle se distingue des autres en général par sa forme ronde; trois cercles concentriques décorent et enveloppent la dépression centrale de la lampe ; entre les cercles et le bord extérieur de notre petit ustensile, on remarque, comme décor en relief, des feuilles de vigne qui alternent avec des grappes de raisin, le tout empâté d'une couche de terre tufacée, conséquence de son long séjour sur le point où nous le trouvâmes (fig. 7).

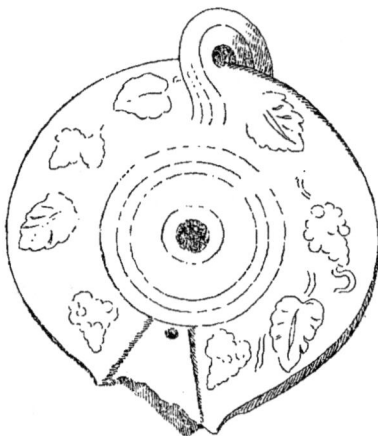

(Fig. 7). Lampe Gallo-Romaine.

A 6 mètres de profondeur en contre-bas de la rue, nous rencontrons un poids ou *perpendiculum* en bronze (fil à plomb), qui servait aux maçons gallo-romains pour constater que leur construction ne s'écartait pas de la verticale ; ce bronze, qui ne pèse pas moins de 750 grammes, est décoré, à sa partie supérieure et à sa circonférence, de lignes parallèles, gravées après la fonte du métal, le diamètre à la partie supérieure est de 0^{m}07 et sa hauteur totale 0^{m}095 (fig. 8 et 9).

Des *perpendiculum* semblables ont été trouvés en Italie ; tous se ressemblent et ne diffèrent guère de forme que lorsqu'ils sont en terre cuite. Ceux de cuivre sont modelés avec le goût qui caractérise tout ce qui sort des mains de l'ouvrier de cette époque, lequel cherche à donner de l'élégance aux objets les plus vulgaires. Un *perpendiculum*, du même type que celui que nous publions aujourd'hui, a été découvert dans la boutique d'un maçon à Pompeï. Nous devons ajouter, pour être complet dans notre description, qu'il présente au centre de la partie supérieure une petite boule de métal, fondue d'un seul jet avec le poids. Cette petite partie sphérique remplit les fonctions de bélière, elle est traversée horizontalement par un trou de forme circulaire, par lequel passait la ficelle, à laquelle le poids était suspendu ; mentionnons qu'une autre perforation, située au sommet, vient communiquer avec le trou

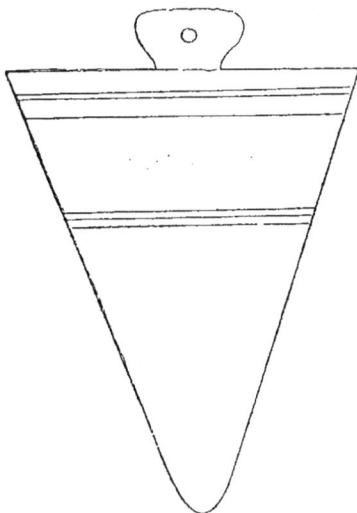

(Fig. 8). Bronze. *Perpendiculum* Gallo-Romain.

horizontal, ce qui permettait au fil de partir du centre même du *perpendiculnm*.

Non loin du curieux objet que nous venons de décrire, nous recueillons un gond en bronze, sur lequel devait tourner le pivot d'une porte ou d'une fenêtre ; la partie qui se trouvait scellée offre encore la forme d'une queue de poisson ou d'hirondelle ou bien *queue d'aronde*, ainsi nommée par les ouvriers parisiens, fendue par le milieu, de façon à former deux tiges écartées, ce qui permettait de sceller plus solidement le gond à la muraille ; la partie opposée recevant la ferrure de la porte est percée d'un trou de 11 à 12 millimètres de diamètre, dans lequel pivotait la porte. Ce bronze présente la bavure très apparente de la fonte du métal, à

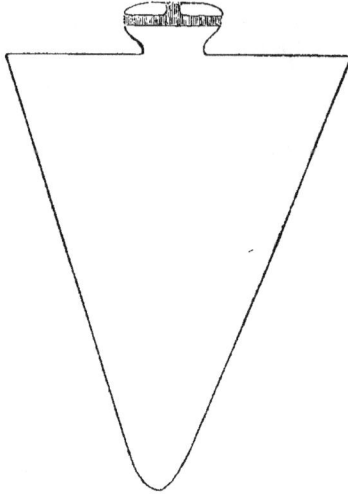

(Fig. 9). Bronze. *Perpendiculum* Gallo-Romain. — Coupe.

laquelle adhère encore une petite quantité de plâtre, conservé par l'oxyde de cuivre, et qui fixait notre petit bronze dans la maçonnerie (fig. 10).

(Fig. 10). Bronze. Gond Gallo-Romain.

Chez les Romains, les portes s'ouvraient comme les nôtres, les entrées intérieures qui donnaient accès dans les chambres étaient seulement fermées par des tentures.

Les portes sur rue étaient souvent garnies de marteaux ou poignées, d'un effet très décoratif ; des boutons, des clous en bronze le plus souvent et dorés en ornaient les battants.

Les gonds en général, trouvés à Pompéi, différaient sensiblement de celui que nous publions ; ils ressemblaient à nos charnières, c'est-à-dire étaient composés de deux parties semblables, réunies au milieu par une goupille qui permettait aux gonds d'articuler : une des deux parties était appliquée au montant de la porte au moyen de clous, l'autre était fixée au cadre dormant scellé dans la construction, ainsi que cela se pratique encore de nos jours.

Les portes chez les anciens étaient composées des parties suivantes : deux pièces de bois verticales, une de chaque côté, touchant la maçonnerie, appelées de nos jours les *montants*, terme technique, quatre pièces transversales que nos menuisiers appellent les *traverses* et qui partagent chaque vantail en trois panneaux séparés. On voit qu'à l'époque Gallo-Romaine, les portes étaient absolument semblables à nos portes à deux battants, composées le plus souvent de trois panneaux, encadrés de moulures par battant ou vantail.

Chez les Latins, la garde des clés de la porte (*janua*) était confiée au *janitor* (portier) ; l'*ostiarius* (esclave portier) était, dans les premiers temps de Rome, enchaîné à l'entrée de la porte, afin de reconnaître les amis ou visiteurs du maître.

Nous recueillons un poids (*pondus*) en terre cuite rouge brique, il est percé horizontalement d'un trou à sa partie supérieure, nous pensons qu'il servait à tendre la chaîne de fil sur le métier du tisserand. Nos fouilles rue Gay-Lussac et rue Le Goff nous ont offert déjà quelques spécimens de ces poids en terre cuite, publiés ici.

On charge dans les tombereaux une grande quantité de fragments de vases hémisphériques décorés de reliefs d'une grande richesse ; nous n'entreprendrons pas de faire l'historique de cette poterie, si connue par la beauté de sa terre, de sa forme et des sujets employés à orner sa périphérie. Déjà notre fouille des rues Gay-Lussac et Le Goff a fait l'objet d'une étude de cette poterie sigillée ; il nous suffira donc aujourd'hui de publier quelques dessins des figures décoratives découvertes sur ce point, dans un remblai appartenant à l'époque Gallo-Romaine. Nous trouvons, comme toujours, l'image du cerf, qui joue un grand rôle dans le décor de ces poteries. Un fragment d'une *patina*, sorte de petit saladier où bol, qui était employé à présenter sur la table des fricassées, des compotes et des comestibles, qui se servaient avec de la sauce (la forme de cette poterie convenait particulièrement à ce genre de service sur la table), nous présente un cerf sous un bois de chêne, du type de celui que nous publiâmes dans la *Revue archéologique*, 1892 (fig. 2). Comparé à la figure 11, que nous donnons ci-contre, les jambes de devant de l'animal ont le même mouvement, l'empreinte est lourde, les bois placés à gauche de la tête s'abaissent sur les reins, comme dans la première figure recueillie rue Le Goff. Les détails d'ornementation sont dissemblables.

Enfin le dessin du chêne et du cerf appartient bien à la même époque que celui de la rue Le Goff.

Un autre fragment de coupe hémisphérique est décoré d'animaux fuyant à toute vitesse; ici pas de feuillages, pas de rinceaux, les animaux seuls font les frais de la décoration (fig. 12). Un autre fragment offre, comme principal décor, une suite d'aiglons vus de face, se répétant autour de la circonférence du vase (fig. 13). Sur

(Fig. 11). Poterie Gallo-Romaine.

une autre poterie, de même forme, nous voyons une renommée ou victoire; ce genre de décoration se rencontre plus rarement sur la poterie trouvée dans le sol parisien. La figure que nous publions aujourd'hui est vêtue de la *palla*, vêtement qui couvrait le plus souvent les personnages mythologiques, les déesses ou les grandes dames : comme on le voit par la figure 14, ce vêtement était long et flottant. Notre personnage tient de la main gauche la *tuba*, instrument employé comme trompette dans l'armée romaine; la main droite levée tient une couronne de chêne. Les ailes de la figure sont légèrement éployées; une seule, l'aile gauche, est bien imprimée dans la terre; l'empreinte de l'aile droite s'accuse légèrement, l'artiste a tenu compte de la perspective; les pieds de la figure reposent sur une boule.

Les nombreux monuments, tels que les statues, les médailles, les monnaies, les reliefs des terres cuites, les peintures, nous ont conservé la figure de la victoire et nous la représentent ailée. Il paraît que, dans les temps les plus reculés, cette divinité n'avait pas encore l'attribut qui lui permettait de descendre de l'Olympe sur la terre. Les poètes anciens ont adopté cette forme de la victoire, qui a été consacrée à travers les âges par l'usage. Enfin cette fiction poétique existe encore chez nous, que la victoire doit avoir des ailes.

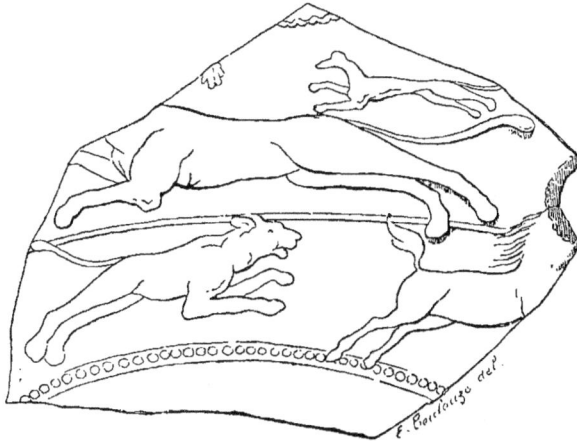

(Fig. 12). Poterie Gallo-Romaine.

Hors du domaine de la mythologie, on croit que les ailes furent données, pour la première fois, à la Victoire par le grand sculpteur d'Athènes Bupale ou bien encore, le peintre Aglaophon.

Notre petite Victoire présente le prix, le plus précieux, le plus noble, le plus envié, la couronne de chêne, qui, dans le principe, portait le nom de civique, et se décernait à celui qui avait sauvé la vie d'un citoyen ou au guerrier qui avait accompli un fait d'armes utile au pays. Dans la suite, elle se composa de feuilles d'or imitant le chêne.

On remarque sur des médailles des couronnes civiques décernées aux officiers supérieurs par le Sénat.

M. Robin, notre dévoué et fidèle collaborateur dans nos recherches, rencontre, au milieu des tessons que nous venons de mettre sous les yeux du lecteur, le *sigillum* CINTVGNATV.

Cette empreinte a été déjà trouvée par nous, il y a quelques années, dans nos recherches au quartier de la Montagne Sainte-Geneviève.

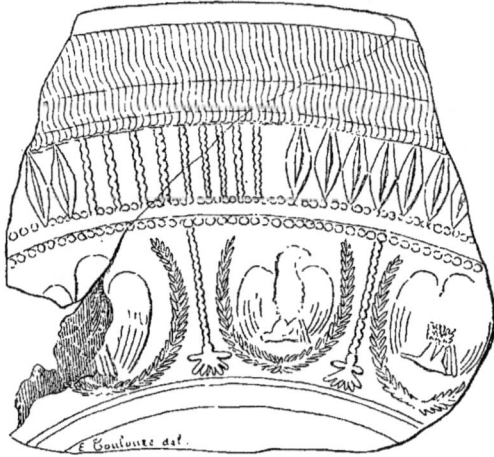

(Fig. 13). Poterie Gallo-Romaine.

Dans notre article « Un témoin des Ages antiques à Lutèce », publié dans la *Revue archéologique*, année 1890 (fig. 7 bis), nous constatons la présence réitérée dans la décoration de la poterie sigillée, découverte dans le sol parisien, d'un petit personnage en relief armé du glaive et du *scutum*, prêt à combattre ; nous le rencontrâmes, pour la première fois, dans nos recherches à Saint-Marcel, dans un remblai, puis nous le vîmes figurer sur un fragment de poterie, exposé dans une des vitrines du Musée de Cluny (rez-de-chaussée) ; nous le trouvâmes encore dans nos recherches de la rue Le Goff ; aujourd'hui nous le voyons figurer, pour la quatrième fois, dans la décoration d'un vase orné d'une figure nue (fig. 14 bis).

Un autre fragment présente un aigle aux ailes éployées, vu de face et placé au milieu d'un cercle, composé de deux filets parallèles (fig. 15).

Bien que l'aigle fût très populaire chez les anciens, nous ne le rencontrons que très rarement à Paris dans la décoration des vases antiques. Dans tous les temps, l'aigle est représenté comme l'emblème de la force, de la puissance; de là à la majesté il n'y avait

(Fig. 14). Poterie Gallo-Romaine.

qu'un pas. C'est à ce titre que l'aigle a figuré dans les symboles des souverains.

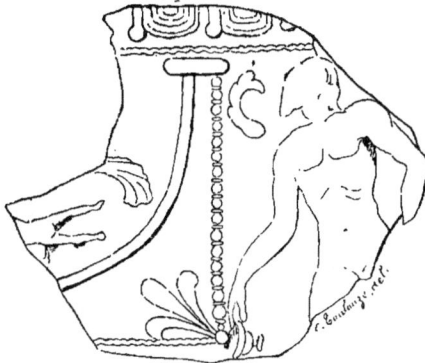

(Fig. 14 bis). Poterie Gallo-Romaine.

Dans la mythologie il fut consacré à Jupiter, dont il tenait les foudres dans ses serres. On le trouve sur les monnaies antiques

Grecques et Romaines. Suivant Quinte-Curce, il décorait les en-seignes des rois de Perse. Plus près de nous, l'aigle fut popularisé par les armées Romaines; la 5ᵉ légion avait l'aigle pour marque dis-tinctive; l'aigle de la 22ᵉ légion, qui combattit en Allemagne, a les ailes éployées, ainsi que notre *aquila* décoratif. L'aigle de la 22ᵉ lé-gion, monument précieux, fut trouvée à deux pieds et demi sous terre et recouverte soigneusement de pierres. Il y a lieu de croire, suivant le comte d'Erbach, que, dans une rencontre où la légion romaine fut assaillie par les Allemands, l'*aquilifer*, ne pouvant se sauver de la mêlée avec l'enseigne, aura séparé l'aigle de la hampe qui la supportait et l'aura ensevelie dans la terre, où elle fut dé-couverte en 1820.

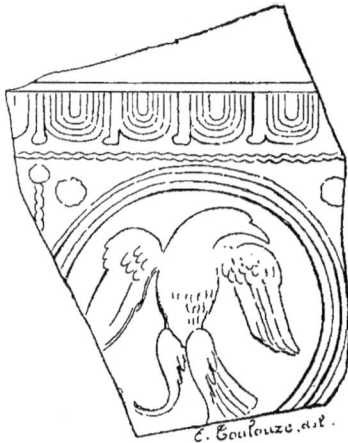

(Fig. 15). Poterie Gallo-Romaine.

Ce genre de poterie est, comme toujours, décoré de gladiateurs, de figures nues, de fleurs, de fruits, de plantes aquatiques, d'ani-maux, tels que lapins, lions, chiens, oiseaux, sangliers, cerfs, che-vaux, tigres, ours, etc. Ainsi que tous les travaux artistiques, il semble que l'art de la fabrication de cette belle poterie sigillée n'ait brillé d'un si bel éclat que pour disparaître à jamais dans la grande tourmente du Vᵉ siècle (fig. 16).

Nous recueillons deux boucles en bronze (fig. 17 et 18), dont les parties courbes sont figurées par deux têtes de reptiles; ce type décoratif, qui semble appartenir à notre région, est en tout semblable à celui de la boucle qui figurait dans l'ensemble de la trousse de médecin-chirurgien du IIIᵉ siècle, découverte par nous, et publiée dans la *Revue archéologique* de 1882.

En compagnie de ces deux boucles, nous trouvons une fort belle fibule en bronze, de bonne conservation ; elle est à charnière ; l'épingle, qui est absente, tournait dans une encoche pratiquée à l'extrémité du corps du bijou ; l'arc est décoré d'un travail bien exécuté. Ce type nous semble moins ancien que celui dit à boudin

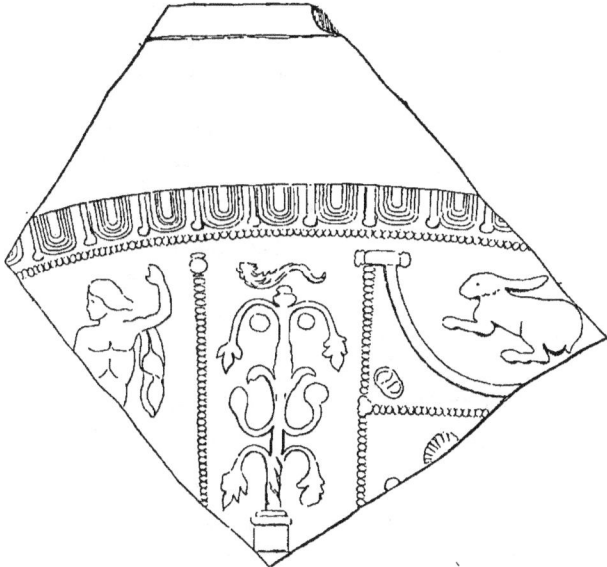

(Fig. 16). Poterie Gallo-Romaine.

ou épingle de nourrice, mais il est plus riche comme décor de gravure et comme emploi du métal. L'épingle qui fixait le bijou au vêtement était cachée dans une rainure, pratiquée à l'extrémité opposée à la charnière, de façon à éviter des piqûres aux doigts de la personne qui l'employait.

Une autre agrafe en bronze, affectant la forme d'une coquille bivalve, a été découverte non loin des boucles.

Dans cette partie du vieux sol parisien (Vᵉ et VIᵉ Arrondissements), ce genre de boucles à harnais se rencontre souvent.

Si nos souvenirs sont précis, plusieurs de ces boucles furent découvertes par Grivaud, en 1807. Nous en rencontrâmes plusieurs dans nos recherches rue Le Goff.

Nous avons le plaisir de trouver un petit bracelet, *spinther* des latins, que portaient les femmes de Rome et les Gallo-Romaines de Lutèce. La particularité de ce bijou est son élasticité, qui exerçait une pression sur les chairs et le faisait rester en place; c'est de cette pression circulaire que lui vient son nom, faisant allusion au *sphincter*, muscle constricteur.

Une des extrémités de notre petit objet de parure présente une dizaine d'ondulations du bronze, se terminant par une sorte de courbe du métal qui, en s'accrochant, serre ou desserre à volonté le bijou qui comprime le bras.

Avec notre petit bronze, se trouve une bille formée de deux hémisphères, qui ont été moulés en terre dans la *forma* et cuits

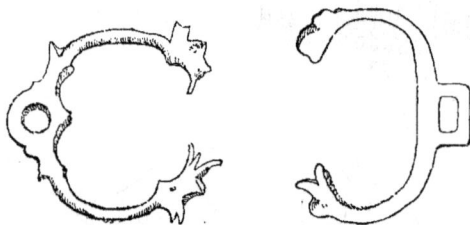

(Fig. 17 et 18). Bronze Gallo-Romain.

à une assez haute température ; les jouets de nos petits Gallo-Romains se rencontrent volontiers dans presque toutes les fouilles du vieux sol parisien et ressemblent beaucoup à ceux de nos enfants. Voici comment les jeunes Romains jouaient aux billes ou, pour être plus exact, à la *tabula* : on disposait à terre et à une certaine distance l'enjeu, qui était composé de billes, de noix ou de noisettes ; au but se trouvait une planche inclinée, sur le haut de laquelle le joueur posait une bille qui, roulant sur le plan incliné, descendait rapidement à terre, heurtant celles qui avaient été réunies sur un point. Chacune de celles touchées appartenait à l'enfant qui venait de jouer ; de nos jours, ce jeu se nomme *tapette*.

Dans le voisinage de la bille se rencontre un petit bronze, offrant l'image d'une personne qui devait être allongée sur une sorte de siège long à dossier renversé ; le tronc seul du personnage est parvenu jusqu'à nous. Cette petite figure est barbare d'exécution ; une chevelure coupée à la hauteur des oreilles enveloppe toute la tête, dont la figure est dessinée par deux trous circulaires formant les yeux et une entaille horizontale pour la bouche; le tout, enfin, est d'une exécution absolument primitive, digne tout au plus des préhistoriques.

Nous trouvons deux clous en bronze à tête dorée, ayant la forme des têtes de clous qu'emploient nos tapissiers modernes pour fixer les étoffes sur les sièges ; ce genre de clous était employé à l'époque Gallo-Romaine à orner les panneaux extérieurs des portes ; le diamètre de nos clous antiques est de 0^m02 à 0^m03, la tige s'enfonçant dans le bois est de 2 à 3 centim. de longueur. Cette fouille présente beaucoup d'analogie avec celle de la rue Gay-Lussac, où nous rencontrâmes un nombre relativement considérable de menus objets d'un usage domestique ou professionnel. Nous recueillons des boucles de harnais (fig. 19, 20, 21, 22 et 23), un plat creux ou

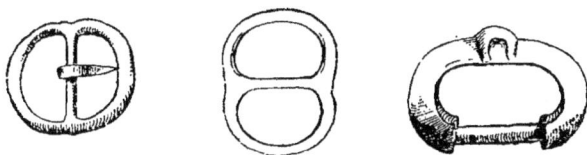

(Fig. 19, 20 et 21). Bronze Gallo-Romain.

(Fig. 22 et 23). Bronze.

catinum, — tous ces objets sont en bronze —, des os tournés (fig. 23 bis), une presselle en bronze (fig. 24), une petite curette ou *auriscalpium* (fig. 25) en os, puis une petite curette de 0^m006, dont l'emploi était de doser les poudres médicamenteuses ; l'ensemble du petit bronze mesure 0^m13 de longueur, l'extrémité manuelle est tordue en forme de câble (fig. 26), un sifflet creusé dans un andouiller de cerf (fig. 27), de la verrerie, de la poterie, des lampes appartenant à l'époque Gallo-Romaine. Nous trouvons aussi un très petit *unguentarium* en verre, d'une irisation fort belle ; ce

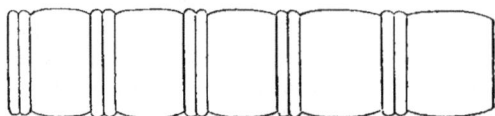

(Fig. 23 bis). Os tourné.

(Fig. 24). Bronze. Petite Presselle.

(Fig. 25). Bronze. Auriscalpium.

(Fig. 26). Bronze. Curette.

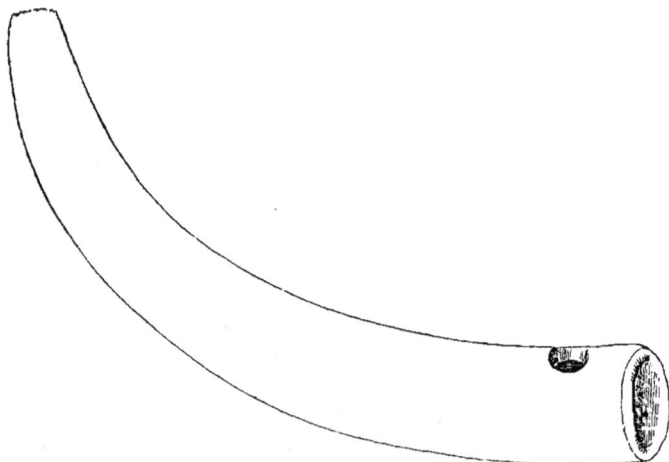

(Fig. 27). Sifflet.

petit flacon est délicieux de forme et de conservation ; le diamètre
de son orifice est de 0ᵐ005, celui de sa base de 0ᵐ025, et sa hau-

9

teur de 0ᵐ035 (fig. 28) ; un vase de forme carrée en verre
(fig. 29).

(Fig. 28).
Verrerie Gallo-Romaine.

(Fig. 29).
Verrerie Gallo-Romaine.

Poursuivant nos recherches, nous rencontrons quelques épingles
en bronze à tête ronde ou taillée à facettes, quelquefois à tête
sphérique (fig. 30, 31, 32, 33, 34 et 35).

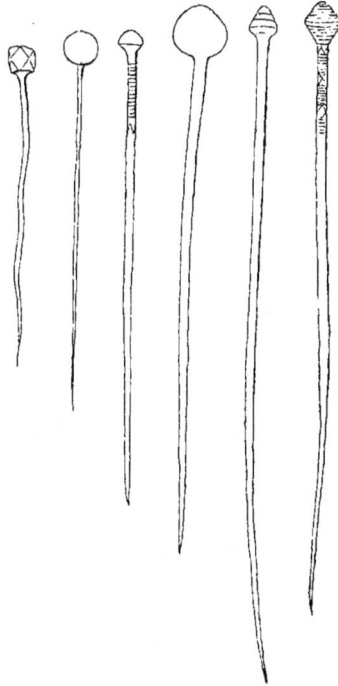

(Fig. 30, 31, 32, 33, 34 et 35). Bronzes, Épingles Gallo-Romaines.

Ces épingles servaient à parer la beauté de nos Lutéciennes; les dames romaines recherchaient surtout les chevelures blondes, à ce point qu'elles se faisaient raser la tête et la couvraient de chevelures achetées en Germanie ou dans les Gaules.

Il résulte aussi de nos propres découvertes que les guerriers Gaulois relevaient leur abondante chevelure au moyen d'épingles de bronze, qui mesuraient de 0ᵐ12 à 0ᵐ55 de longueur. Le musée du Trocadéro possède des épingles de bronze de grandes dimensions qui, il y a quelques siècles, servaient aussi à la coiffure des Péruviens.

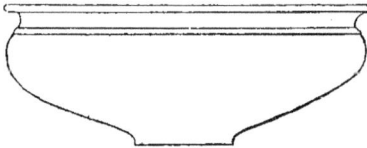

(Fig. 36). Terre cuite Gallo-Romaine.

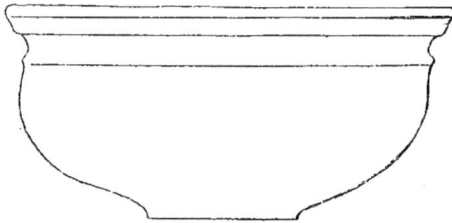

(Fig. 37). Terre cuite Gallo-Romaine.

Parmi les os travaillés se rencontre une curette ou *auriscalpium*, dont l'extrémité manuelle est rompue;

Une agrafe de vêtement affectant la forme d'une coquille bivalve, vulgairement nommée coquille de saint Jacques ou *coquille de pèlerin*;

Deux coupes ou assiettes (sorte de *catinum*), fort bien tournées, d'un beau profil, mesurent 0ᵐ16 de diamètre; elles reposent sur une base de 0ᵐ06 de diamètre. Une troisième assiette (*catinum*), en terre mieux cuite, d'un ton gris bleuâtre, à bords plus élevés que les deux premières, se rencontre dans un sol noir et boueux, sorte de puisard antique (fig. 36 et 37).

Ce genre de poterie, si soignée, presque toujours parfaite comme finesse de terre, comme forme et comme cuisson, ne se rencontre pas au-delà des anciens faubourgs Saint-Victor, Saint-Marcel, ne dépassant pas la rivière de Bièvre ou des Gobelins, le faubourg Saint-Germain, ayant pour dernière limite Saint-Germain-des-Prés et toute la partie du vieux Paris (rive gauche) limitée par l'enceinte de Philippe-Auguste, le faubourg Saint-Jacques, dernière limite la Maternité et les Enfants assistés. De Saint-Médard à la manufacture des Gobelins, on ne rencontre plus, en général, que la poterie appartenant à l'époque chrétienne, époque de décadence dans l'art de la terre cuite à pâte dure ; à ce moment, la forme change, la poterie rouge devient rose et se décolore aisément ; l'éclat rouge, vif et brillant n'existe plus, mais la forme de la poterie dénote toujours un sentiment très artistique chez le potier, qui ne possède plus les beaux tons de l'époque païenne. En revanche, alors apparaît la peinture décoratrice en blanc sur fond noir, gris ou rouge brique ; ce genre de décoration se compose de filets et de quelques ébauches de rinceaux très simples, placés entre des filets parallèles. Quelques-unes de ces poteries, ainsi que celles de l'époque Gallo-Romaine, présentent des décors exécutés en creux, sortes de *grafiti*, qui règnent autour de la panse des vases.

Les poteries païennes, chrétiennes et mérovingiennes de notre pays présentent chacune un changement dans la forme, dû aux divers conquérants de la Gaule : les premières, parce que l'art gaulois avait emprunté quelques types aux Romains ; les secondes, parce qu'elles tombèrent dans une sorte de décadence dans l'art de préparer la poterie rouge, dite sigillée, à pâte dure et brillante ; et les troisièmes, parce qu'elles subirent l'influence Germanique, qui accuse un type bien tranché dans la forme, s'éloignant de l'art national gaulois. Nous ne voulons pas dire pour cela que nos ancêtres ne possédaient pas un art, un type tout particulier à notre pays ; nous voulons seulement démontrer qu'à partir de notre contact avec les divers conquérants les poteries de formes sphériques ou ovoïdes se modifièrent dans leurs proportions, la préparation de la terre, la couleur et la cuisson.

Nous pouvons affirmer que les potiers Parisiens de l'époque chrétienne connaissaient un émail plombifère ou plombeux très fusible, d'un ton franchement vert, mais adhérant mal sur la terre cuite de notre région ; en voici la preuve :

En 1884, nous trouvâmes, boulevard de Port-Royal n° 6, dans une sépulture chrétienne une bouteille en terre à ondulations, couverte d'un émail vert, s'écaillant au contact de l'air ; ce genre d'émail était connu des Grecs, ainsi que l'affirme une coupe, qui figure dans notre collection et quelques objets en terre cuite exposés au Musée du Louvre (Galerie Italo-Grecque). La fabrication de l'émail vert, trouvé au IVe ou Ve siècle, fut perdue pendant la sombre époque du moyen âge ; cela tient probablement à ce que chaque potier travaillait isolément. Le manque de contact avec les ouvriers de cette profession empêchait la conservation des procédés dans l'art de l'émaillerie et sa propagation dans les ateliers. Ce voile de l'ignorance qui couvrit la fabrication des émaux à base de plomb de diverses couleurs dans nos pays ne fut soulevé que près de neuf cents ans plus tard par l'immortel Bernard Palissy.

Quelques squelettes furent rencontrés à l'angle formé par les rues Hautefeuille et de l'Ecole-de-Médecine, non loin de la dernière construction, exécutée en ces dernières années ; l'absence complète de tout mobilier funéraire auprès des restes humains, le manque de patine qui se remarque toujours sur les ossements antiques, une tête de mort enveloppée d'un lambeau d'une étoffe verte bien conservée nous font supposer que ces sépultures appartiennent au moyen âge.

Les seuls vestiges Gallo-Romains qui furent recueillis se trouvaient sous la construction de l'architecte Gondouin.

Non loin du trottoir de la rue de l'Ecole-de-Médecine et en partie sous la Chapelle des Prémontrés, nous rencontrâmes une construction de forme circulaire, exécutée en moellons taillés ; elle mesure 6 mètres de diamètre avec plus de 8 mètres de profondeur au-dessous du trottoir de la rue. Cette sorte de grand puisard était traversée aux deux tiers de son diamètre, par une grosse muraille appartenant (il y a presque certitude) au mur latéral de la Chapelle des Prémontrés (voy. les plans et fig. 38, 39 et 40).

La destination première de cette construction ne nous semble pas avoir été celle d'un puisard. Généralement la construction de ces sortes de pertes d'eau n'est pas exécutée avec le luxe et le soin que nous constatons ici, les pierres sont toujours assemblées grossièrement ; ici la maçonnerie était bien exécutée, une voûte en pierre couvrait le vide.

Nous regrettons de ne pouvoir déterminer l'emploi de cette

construction ; nous regrettons plus encore de n'avoir pas été témoin de la démolition de la partie supérieure de la voûte; là, peut-être, était le nœud du mystère. Dans tous les cas, qu'il soit devenu un puisard pour l'établissement d'un maître de bain ou étuviste, cela est incontestable, mais ce qui n'est pas moins incon-

Plan.

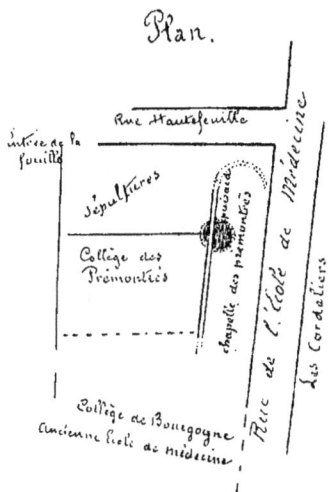

(Fig. 38).

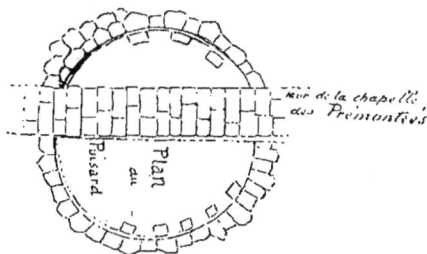

(Fig. 39).

testable, c'est qu'un particulier n'avait aucune raison de construire un puisard d'une telle importance.

Nous avons été à même de rencontrer ces pertes d'eau, dans le vieux sol Parisien, notamment dans nos recherches au Collège Sainte-Barbe.

Nous recueillons plusieurs échantillons de poterie domestique
des XIIIe et XIVe siècles (fig. 41, 42 et 43), façonnée en terre
cuite grise et jaune, souvent mal lavée, faits au tour, sans couverte ni vernis, cuits quelquefois à une faible température ; ils
possèdent une anse et affectent volontiers la forme de la poterie

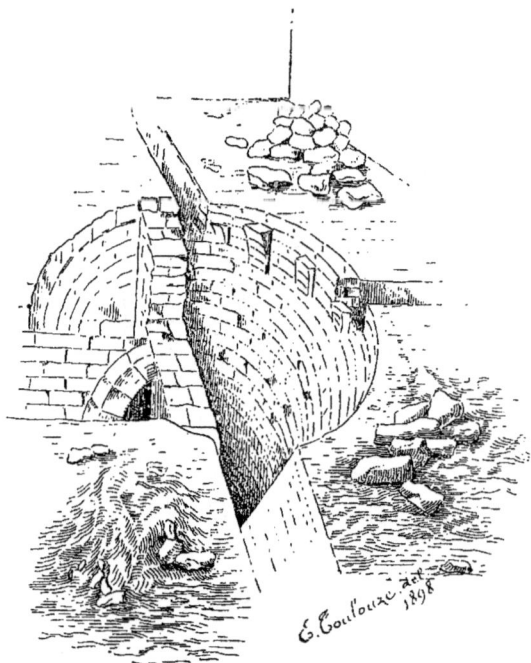

Puisard (vue d'ensemble)
Fouilles de l'École de Médecine
(Fig. 40).

à anse des Xe, XIe et XIIe siècles, et des Ve et VI siècles, découverte par nous au Champ des sépultures chrétiennes de la rue
de l'Arbalète à Paris. Nos poteries des XIIIe et XIVe siècles
sont décorées de quelques traits ou raies, rouge ferrugineux,
peints par groupes de 5, 6 ou 7 touches, disposées dans la verti-

cale sur la périphérie de la poterie. Ce récipient avait son emploi dans la vie domestique et semble le plus en usage à ce moment pour les besoins de la cuisine, le transport du lait, du vin ; il était employé au besoin à cuire les aliments. Il avait une autre destination ; après avoir été l'inséparable de la vie, il accompagnait encore les hommes à leur dernière demeure, en servant à une vieille coutume religieuse, qui était observée aussi bien à Paris que dans la banlieue. Lorsque, sortant de l'église, le mort avait été transporté au cimetière et déposé au fond de la fosse, dans un cercueil de bois ou de pierre, on mettait auprès de lui quelques

(Fig. 41).

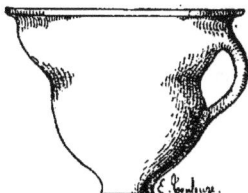

(Fig. 42).

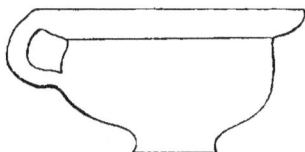

(Fig. 43).

poteries à anse percées de petits trous à leur périphérie, destinés à activer la combustion du charbon ardent sur lequel brûlait de l'encens pendant les prières et les derniers chants funèbres des prêtres. Après l'eau *benoîte* ou *bénite* et la dernière pelletée de terre, la cérémonie terminée, ces petites poteries restaient près du mort et devenaient sacrées ; puis la fosse était comblée par le fossoyeur, avant la combustion complète du charbon et de l'encens, que nous avons rencontrés plus d'une fois au fond de ces petites poteries, recueillies sur différents points de notre vieux Paris et de ses environs.

Mais, revenons à la poterie et à l'émail plombifère indispensable à la confection de la bonne poterie, qui n'apparaît que dans le premier tiers du XIV⁰ siècle, ainsi que le prouve l'ouvrage de Pierre Le Bon, qui fut écrit en 1330 : « Tu reconnaîtras, dit l'alchimiste, lorsque le plomb et l'étain auront été calcinés et brûlés, qu'ils sont parfaitement convertis en verre ». Ce ne fut en effet que vers la première moitié du XIV⁰ siècle que l'émail plombeux fut employé à couvrir les terres cuites grossières, que nous exhumons aujourd'hui du vieux sol Parisien.

Les pichets et autres poteries furent couverts d'un vernis jaune aux XIV⁰ et XV⁰ siècles. Au XVI⁰, l'émail jaune couvre encore la poterie, le potier connaît l'émail vert ; souvent aussi les deux couleurs sont employées à la fois pour la décoration des pichets.

Les XVI⁰ et XVII⁰ siècles produisent de nombreux types de vases décorés d'émaux jaunes, verts et rouges. A partir des siècles que nous venons d'indiquer, la grosse poterie domestique est couverte d'une couleur vitrifiable, cloisonnée, c'est-à-dire que l'émailleur, ainsi que le lapicide des pierres tombales, gravait son dessin en creux sur la terre avant la cuisson, puis remplissait les interstices des ornements par les émaux aux différentes couleurs qui, chauffés à point, se vitrifiaient sans altérer le dessin en creux. En général toutes ces poteries du moyen âge étaient à cassure terreuse, à texture lâche, spongieuse et très absorbante, sur lesquelles la couverte ou couleur vitrifiable était absolument indispensable pour éviter la filtration des liquides à travers la terre. A ce moment, la poterie affecte une décoration plus élevée, plus artistique ; le potier possède trois tons, il compose de nouvelles formes (fig. 44), quelquefois ses pichets présentent une tête humaine ; des reliefs, des applications de terre viennent décorer le col ou le ventre des vases qui portent aussi des devises comme : *Vive le bon roy*, *Vive le jeu qui est ici*, *Vive le bon roi de France*, *Bois-moi ;* on voit que les potiers Parisiens faisaient, ainsi que les Grecs, figurer des inscriptions plus ou moins bachiques sur leur poterie. Il y a une grande ressemblance entre les devises Parisiennes et Grecques ; qu'on en juge par ces quelques inscriptions antiques : *Salut, et bois-moi* ; *Bois et ne me dépose pas* ; *La belle fille* ; *le beau garçon* ; *vide-moi* ; *Réjouis-toi* ; *la belle Calipe.*

A partir du XVI⁰ siècle, la poterie présente les formes les plus inattendues, poterie sphérique (fig. 2 et 45), ovale, carrée (fig. 45 ᵇⁱˢ),

pichets à longs cols, aiguières de formes très variées, poèlons, sa-
lières, lampes, entonnoirs (fig. 46), creusets, vases à vin affectant la
forme d'une tête humaine (fig. 5 et 47), vases spéciaux pour cuire

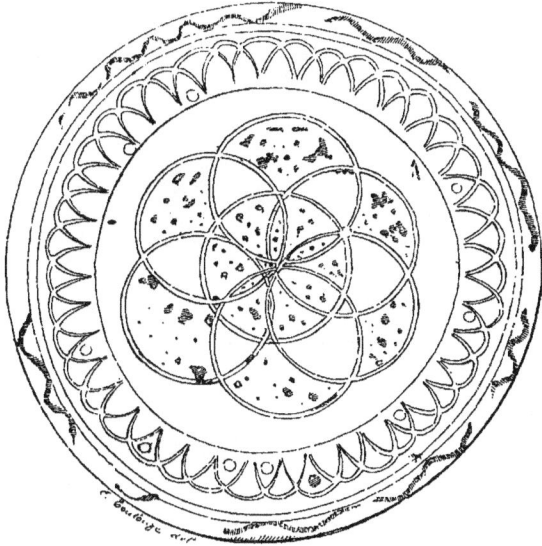

(Fig. 44). Plat rond, genre Beauvais.

(Fig. 45).

les fruits devant le foyer (fig. 48, 49 et 50), arrosoirs. Enfin, le
potier cherche, ainsi que de nos jours, des types nouveaux, afin d'attirer le client par la qualité de la terre, la beauté des formes et le
brillant des couleurs.

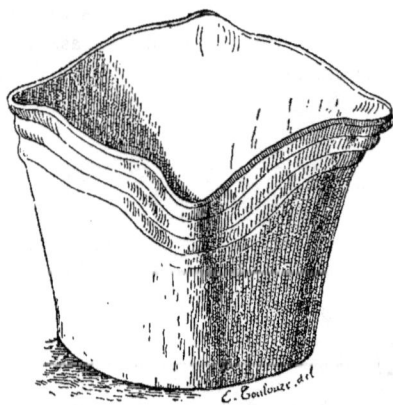

(Fig. 45 bis). Type unique.

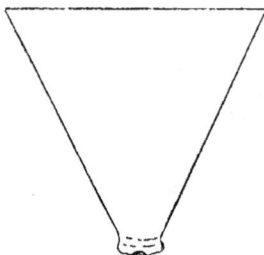

(Fig. 46).

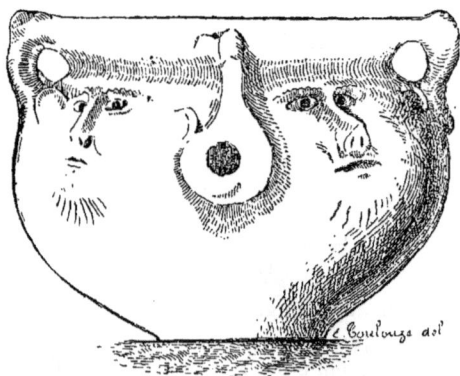

(Fig 47). Vase à Têtes humaines.

Quelques beaux fragments de la verrerie des XIII⁰ et XIVᵉ siècles, d'une irisation fort belle, se rencontrent dans la décharge de
la Glacière, entre autres deux fûts de verre à boire, le premier affectant la forme d'une croix en verre bleu (fig. 51), le second irisé
dans un ton vert et mauve (fig. 52).

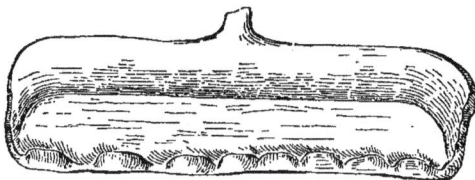

(Fig. 48). Vase servant à cuire les fruits.

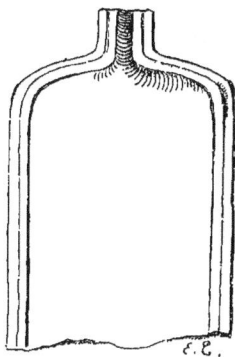

(Fig. 49).

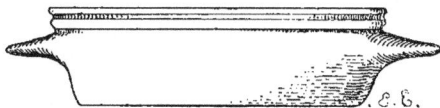

(Fig. 50). Vase à deux oreilles.

Nous devons mentionner quelques types de plats en terre cuite
(peut-être de Beauvais). On sait que la céramique de Beauvais était
plutôt une terre cuite vernissée qu'une faïence ; elle eut une grande
renommée et la découverte de ces quelques échantillons est une
bonne fortune pour nous.

Puisque nous parlons de terre cuite, disons que notre excellent ami M. le Dr Bon vient de nous offrir une série de carreaux des XVIe et XVIIe siècles, provenant du vieux Paris, artistement décorés et couverts d'un beau vernis plombifère rouge, brun et jaune ; parfois le jaune est additionné d'une goutte de vert. Dans tous les cas, la fusibilité de l'émail est parfaite et couvre entièrement la terre rouge brique du carreau, qui mesure 0^{m}20 à 0^{m}21 sur chaque face, avec une épaisseur moyenne de 0^{m}04 (fig. 53, 54, 55, 56, 57 et 58).

Dans le décor de cette grosse céramique on reconnaît le goût français avec son heureux dispositif, la régularité dans la composition des ornements, qui offrent le caractère national, qu'on ne sau-

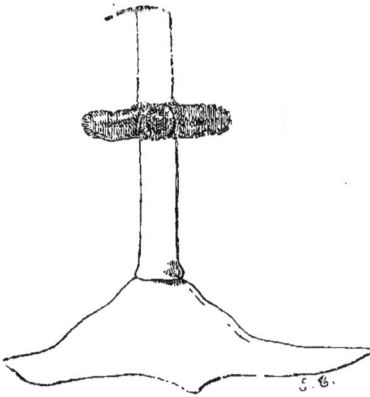

(Fig. 51). Verrerie.   (Fig. 52). Verrerie.

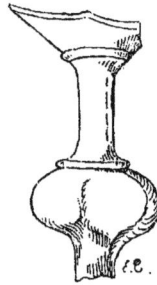

rait méconnaître un seul instant. La décoration consiste dans un dessin en creux qui reçoit l'émail, généralement jaune, s'enlevant sur un fond brun rougeâtre ; les motifs décoratifs offrent des blasons entourés de rinceaux, des animaux, comme aigles, griffons. L'un de ces carreaux présente la légende suivante YL FAVL PENSER (il faut penser), disposée aux abords et autour de la terre cuite ; un autre carreau offre les attributs du moissonneur, tout d'abord la gerbe de blé, puis les récipients en terre de grès, dans lesquels les moissonneurs transportaient le liquide qui devait étancher leur soif ; quatre types parisiens bien connus, qui se rencontrent dans les fouilles et qui appartiennent aux XVIe et XVIIe siècles, sont suspendus aux rinceaux décoratifs du carreau. Les briques et carreaux

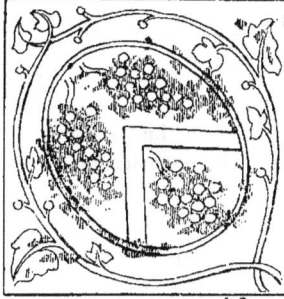

(Fig. 53).

(Fig. 54).

(Fig. 55).

(Fig. 56).

(Fig. 57).

(Fig. 58).

en terre cuite émaillée, employés dans la construction et le carrelage des habitations, ne sont pas d'invention moderne, puisque
nous voyons les palais de Crésus, de Mausole, d'Attale, bâtis en
briques dures de couleur rouge. Le palais de Darius, celui d'Ar-
taxerxès et les briques de Babylone sont richement décorées de dessins variés, exécutés avec un émail fort beau, bien vitrifié, d'un ton
vert métis ou vert chinois et d'un beau jaune. Le bleu entre aussi
dans la décoration des briques, qui furent découvertes dans la construction des portes de Babylone.

A Paris et dans les environs, ces carreaux se fabriquaient avec
de l'argile grasse et plastique corroyée, à laquelle on mêlait du
sable fin, très fusible ; puis on leur donnait la forme au moyen d'un
moule ; ensuite on les faisait sécher à l'ombre. Cuits, ils prenaient
une couleur rouge, semblable à celle de la brique de nos pays.
Plusieurs maisons de Dunkerque et, tout particulièrement, celle de
Jean-Bart, ont leurs grandes entrées, leur salle d'attente, leur ves-
tibule, carrelés en terre cuite de 0m20 de côté ; ces carrelages sont
contemporains du fameux chef d'escadre.

Mais revenons à nos Fouilles parisiennes.

A l'angle formé par les rues Bonaparte et du Four, nous recueillons de la poterie des XIVᵉ, XVᵉ et XVIIᵉ siècles, d'un type connu,
qui figure dans notre collection.

On a souvent trouvé dans les fouilles de petites boîtes et des
tubes en cuivre ou en bronze doré ou argenté, qui contenaient des
restes d'onguents desséchés, dont on semblait faire un usage fréquent à l'époque Gallo-Romaine. Il y a bientôt vingt ans, j'avais la
bonne fortune de découvrir une trousse de médecin-chirurgien, en
bordure de l'ancienne voie Romaine qui conduisait de Paris à Lyon.
Ce médecin, qui exerçait son art à Lutèce, il y a 1600 à 1700 ans
environ, avait, dans l'ensemble des instruments qui composaient sa
trousse, une boîte à onguent, dont le fond en contenait encore une
partie, qui fut analysée par M. Vigier, chimiste, à la demande de
M. le docteur Dechambre.

En 1895, je trouvais, au *Mons Lucotitius*, à Paris, des restes
d'onguent, que j'avais le plaisir d'offrir à mon ami, M. le docteur
Deneffe, auteur d'une savante étude sur ma trousse du IIIᵉ siècle.

Vers la fin des travaux de la rue du Four, continuant nos recherches dans les terres, nous venons de recueillir un étui en bronze
fort oxydé, mais contenant encore quelques restes d'onguent ; cet

étui, de forme cylindrique, mesure 75 millimètres de longueur sur un diamètre de 0ᵐ18 (fig. 59). (1).

Auprès de l'étui se trouvait une petite spatule, dont l'extré-mité manuelle se termine par une olive ; l'ensemble de l'instru-ment mesure 0ᵐ17, la palette à bords mousses, arrondie à son extré-mité, a l'épaisseur du papier à dessin ; il offre la forme fort exacte d'une spatule découverte et publiée par Grivaud, en 1807. Ce genre d'instrument appartient à un groupe d'outils qui s'est rencontré souvent dans nos recherches. L'extrémité manuelle, terminée en olive, servait à dilater le col de la matrice ou à suivre des trajets fistuleux. De tous les instruments antiques, celui-ci était le plus

(Fig. 59). Bronze.

fréquemment employé pour toutes sortes d'usages médicaux, chi-rurgicaux et pharmaceutiques (fig. 60). *Marcellus* parle de la spa-tule qui sert à mélanger les médicaments ; il nous dit qu'elle peut être en bois ou en cuivre. *Léonide* et *Archigène* parlent de spatules à bords tranchants, la nôtre est à bords mousses. *Scribonius Lar-gus* signale aussi la spatule comme un instrument dont on se sert pour mêler les médicaments. Enfin disons, pour terminer la liste

(1) Voici l'analyse du savant professeur M. Heymans, de l'Université de Gand. — On y trouva le plomb qui en faisait la base, sous forme de carbonate, 89 °/₀ ; des traces de fer et de cuivre ; malgré les siècles écoulés, dit M. Deneffe, l'onguent était assez bien con-servé pour que l'habile chimiste pût en faire l'analyse qualitative et quantitative, fort exacte.

des instruments employés par les médecins de l'antiquité et provenant de nos recherches, que nous trouvons encore une aiguille de
bronze de 0^m11 de longueur, qui devait servir à coudre les bandes

(Fig. 60).
Bronze.

(Fig. 61).
Aiguille en bronze.

(Fig. 62). Petit bronze
Gallo-Romain.

à pansements (fig. 61) ; puis une petite pince épilatoire, munie de
son anneau, mesurant 0^m06 de longueur, et l'extrémité manuelle

10

d'un instrument admirablement taillé, dont nous ne pouvons déterminer l'emploi (fig. 62).

Dans le voisinage très proche du Panthéon, nous recueillons quelques monnaies romaines, la première à l'effigie d'ANTONIA ; avers, tête tournée à droite avec chevelure ondulée découvrant l'oreille droite ; cette chevelure qui couvre tout le crâne et l'occipital se termine en pointe, le calme du visage est remarquable, une grande sérénité règne dans tout l'ensemble du beau profil de la femme de Drusus. La légende qui enveloppe la tête ne se compose que de deux mots : ANTONIA AUGUSTA.

Nous trouvons un Gordien III, d'une conservation admirable, les finesses de la gravure sont nettes, l'expression de la bouche, les détails du nez sont extraordinaires, la couronne de lauriers seule est fruste, la gravure des cheveux est fort belle ; l'exécution de ce beau relief révèle un véritable talent. Autour de la tête : IMP. GORDIANUS PIUS, FELIX, PATER, AUGUSTUS ; au revers : une figure de l'Abondance tenant la balance de la main droite.

Puis, viennent Marc-Aurèle, Vespasien, Magnence, Claude (de la belle époque), des petits bronzes de Constantin. Une monnaie d'un petit diamètre se rencontre près de fragments de poterie ; l'effigie de Néron est très commune sur les grands bronzes et très rare sur les petites monnaies qui se rencontrent dans nos fouilles parisiennes ; la légende suivante figure à l'avers : IMP. NERO CAESAR AUG. :

Pour terminer la liste, nous trouvons un très petit bronze à l'effigie d'ANTONINUS PIUS, très rare sur les petits bronzes.

Le nombre de monnaies romaines découvertes dans cette fouille de la place du Panthéon est considérable, car plusieurs personnes, parmi lesquelles M. le docteur Capitan, en possèdent un certain nombre trouvées en bordure de la rue de l'Estrapade.

Nous recueillîmes encore quelques monnaies romaines, entre les murs de Philippe-Auguste et la place du Panthéon : Constance, avers : tête laurée regardant à droite, CONSTANTIUS. NOB. CAES. ; revers, figure de la justice couverte de la *palla*, tenant une balance de la main droite, une corne d'abondance de la main gauche. Cette monnaie, de grandeur moyenne, est percée d'un trou de forme circulaire formant bélière, qui remonte à l'époque où elle fut frappée ; ce bronze était une sorte d'amulette, que nous rencontrâmes souvent dans les sépultures païennes du vieux Paris. Mentionnons encore un moyen bronze à l'effigie d'Auguste et d'Agrippa, têtes laurées ; au revers : le crocodile enchaîné ; au milieu du champ, un palmier. Cette pièce coloniale, couverte d'une fort belle patine, appartient à Nemausus, dont Agrippa était le premier magistrat ; — Vespasien, tête laurée, avec la légende : VESPASIANUS. P. F. AUGUSTUS ; revers : figure vêtue de la *palla*, tenant de la main gauche une corne d'abondance chargée de fleurs et de fruits, la main droite tient une couronne. Le mouvement de cette figure est fort beau. Auguste figure ici sur une monnaie en cuivre rouge, lé-

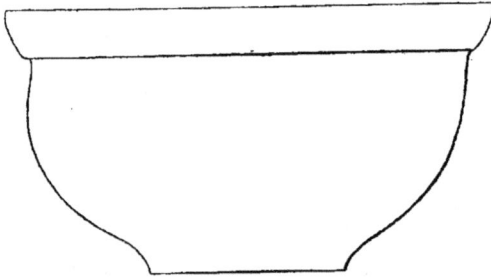

(Fig. 63).

(Fig. 64).

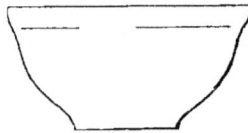

(Fig. 65).

gende : DIVUS AUGUSTUS PATER ; revers : l'aigle romaine, les ailes ouvertes entre S. C., les deux serres appuyées sur un globe. La grande Faustine, grand bronze, se rencontre ici en famille avec Antonin, Marc-Aurèle et Faustine la jeune. Le terrain siliceux, très fin, dans lequel ces monnaies se rencontrèrent, doit être une des causes de leur belle conservation.

Rue du Four, à l'angle de la rue Bonaparte, nous trouvons de petits plats creux, sorte de *catinum* (fig. 63, 64 et 65); des fragments de coupes sigillées bordées de feuillages, de plantes aquatiques; quelques boucles en bronze, deux petites amphores ou bouteilles en terre grossière (fig. 66, 67, 68 et 69) ; de menus objets, similaires à ceux trouvés dans les jardins du Sénat, par Grivaud, en 1807, et à ceux que nous trouvâmes rue Le Goff et rue Gay-Lussac en 1889 (Voy. *Revue archéologique*, 1890).

(Fig. 66).

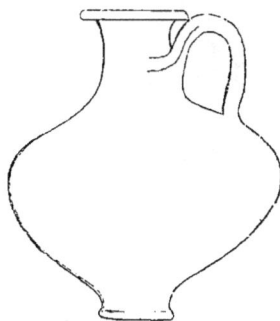

(Fig. 67).

(Fig. 68).

(Fig. 69).

Rue du Four, près de la rue des Ciseaux, nous trouvons un bronze dont l'emploi décoratif nous échappe ; il représente une tête de guerrier casqué, d'une exécution barbare (fig. 70); cette coiffure guerrière affecte la forme d'une figure humaine, surmontée d'un cimier qui couvre la nuque du guerrier, peut-être le dieu Mars ? Puis, une *lingua* en bronze (fig. 71). Au milieu des terres se rencontrent

encore de nombreux échantillons de poterie gallo-romaine; amphores ou boutèilles en terre grossière, mais de formes jolies,
époque mérovingienne ; terre cuite (fig. 72) et Diota (fig. 73) ;

(Fig. 70).
Bronze Gallo-Romain.

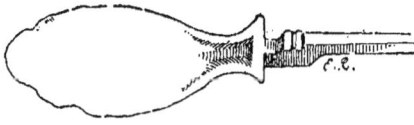

(Fig. 71). *Lingua* en bronze.

(Fig. 72).

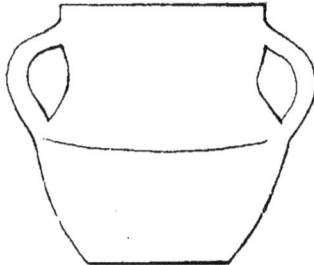

(Fig. 73).

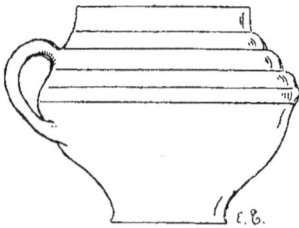

(Fig. 74).

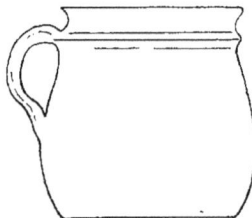

(Fig. 75).

puis un vase, quelques poteries en terre dure bien travaillée appartiennent aux XVe et XVIe siècles (fig. 74 et 75). Vers la fin des
travaux, nous trouvons encore quelques gracieux types Gallo-
Romains (fig. 76, 77, 78, 79 et 79 bis).

Enfin, après dix-huit années de recherches dans le sol parisien et
à la fin de l'exploration de la fouille qui fait l'objet de cette note,

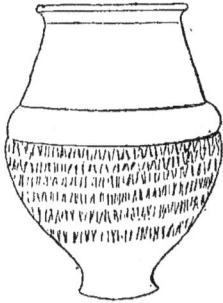

(Fig. 76).

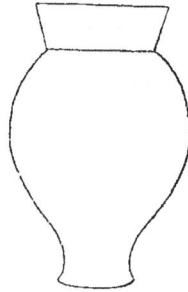

(Fig. 77).

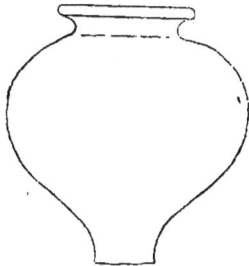

(Fig. 78).

(Fig. 79).

(Fig. 79 bis).

nous avons la satisfaction de soulever un instant ce voile impéné-
trable de l'époque sombre du moyen âge et de connaître le type de

la poterie affectée aux besoins domestiques des Parisiens pendant la période écoulée du Xe au XIIe siècle. Ce genre de poterie semble bien le précurseur du type de la poterie flammulée des XIIIe et XIVe siècles. Il rappelle volontiers la poterie chrétienne des Ve et VIe siècles. Ces petits récipients sont à anse et tout naturellement sans couverte ni vernis, en terre assez bien préparée, bien cuite, très dure, mais de forme lourde, rappelant les deux périodes que nous venons de signaler, ce qui semble indiquer que cette forme a été usitée pendant quinze siècles, parce qu'elle était la plus pra-

(Fig. 80).

tique, et, comme disent les Anglais, la plus *confortable* pour les besoins domestiques.

C'est vers la fin des fouilles, au fond d'un puisard (fig. 80), que ces témoins de la céramique des Xe, XIe et XIIe siècles furent recueillis, devant moi, par mon dévoué collaborateur M. P. Robin. Ils gisaient dans un sol bourbeux, fort au-dessous d'un lit de tessons de poteries flammulées. Cette épaisseur de boue noirâtre, qui séparait la poterie du XIVe siècle de celle du Xe au XIIe, avait été déposée lentement par les eaux ménagères provenant des cuisines, dans lesquelles se trouvaient des coquilles d'œufs, des ossements de volailles, de lapin, quelques défenses de sangliers, des hélices terrestres, des coquilles bivalves d'eau douce ; la figure ci-jointe donnera une idée du terrain où furent trouvées ces deux poteries grossières, mais précieuses pour l'histoire de la céramique Lutécienne, à cette époque (fig. 81 et 82).

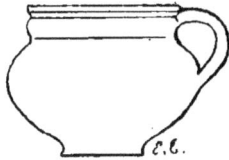 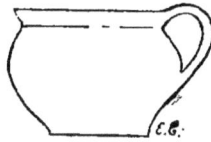

(Fig. 81).   (Fig. 82).

Nous terminerons notre article en disant que le seul mérite de notre collection est d'être formée d'objets recueillis dans le sol de notre antique Lutèce, et de nous permettre de nous initier aux coutumes domestiques et aux besoins de nos ancêtres.

Ainsi que Grivaud, dans nos différentes recherches nous recueillîmes des statuettes de divinités païennes, des fibules, des boucles de bronze, des bracelets, des cuillères (*lingua*) ovales et de formes circulaires, des aiguilles, des épingles pour fixer la chevelure des Gallo-Romaines, des os travaillés, une trousse de médecin-chirurgien du IIIe siècle ; nous rencontrâmes des Champs de sépultures, des Voiries romaines, des instruments en bronze de formes diverses, des outils d'artisans, de la verrerie, des fragments de vases en terre sigillée, poteries préhistoriques, bronze et poteries communes, employées pour cuire et servir les viandes sur la table, monnaies romaines, etc., etc.

Nous nous féliciterions vivement, si nos découvertes archéologiques peuvent intéresser ceux de nos collègues qui se plaisent à évoquer les souvenirs des vieux âges et à voir repasser sous leurs yeux les anciennes coutumes et les industries diverses des habitants de Lutèce à travers les âges.

Eug. Toulouze.

UN CHAMP DE SÉPULTURES

DE L'ÉPOQUE PAÏENNE

DÉCOUVERT SOUS L'HOTEL DE CONDÉ

*Méreaux. — Monnaies. — Une Voirie Gallo-Romaine, du IIIe siècle.
— Sépultures païennes, des Ier et IIe siècles.*

Rue Racine.

En nos recherches faites, en 1898, dans le sol de la rue Racine,
n° 28, sous un remblai de 2^{m}50 d'épaisseur, nous avons rencontré,
au début des travaux, une grande chambre, carrelée en briques,
fortement scellées sur un massif construit en bons moellons et
réunies avec du mortier d'une solidité remarquable.

Nous sommes en présence des anciennes fondations de l'Hôtel de
Condé, qui couvrait en partie la place du Théâtre de l'Odéon, les
rues Racine, de l'Odéon, et bordait la rue Condé.

Les vastes bâtiments qui composaient cette demeure princière
s'étendaient sur une partie de l'ancien *Clos Bruneau*, situé hors de
l'enceinte de Philippe-Auguste. C'est un sieur Armand de Corbie
qui fit bâtir sur ce point une maison de campagne, nommée plus
tard *Séjour de Corbie*. De Gondi, duc de Retz, maréchal de France,
l'acheta en 1610 ; agrandie et embellie, elle fut acquise en 1612 par
Henri de Bourbon, prince de Condé; son fils y résida jusqu'au
moment où il l'abandonna, pour habiter le palais Bourbon.

Dans les travaux de terrassements, l'enlèvement du déblai et les
tranchées que nécessitent les nouvelles constructions, nous trouvons, dans le sous-sol de l'Hôtel, un bronze fort bien doré, de 0^{m}11
de diamètre; il représente une figure humaine, entourée de rayons
droits et rigides, alternés avec des rayons ondulés, type absolument
semblable à celui qui décorait la poitrine de Louis XIV, lorsqu'il

fit le personnage du soleil, dans le ballet royal de *La Nuit*, dansé par le roi en 1653, où il remplissait le rôle du soleil *naissant*. Il n'avait que 15 ans, lorsqu'il dansa dans ce ballet célèbre, sur le théâtre du Petit-Bourbon (fig. 1).

E. Coulouge . del .

(Fig. 1).

Le roi-soleil renonça, dit-on, à figurer en personne dans les ballets donnés à la cour, après avoir assisté à une représentation de *Britannicus*, en 1669, où Racine traite ainsi le portrait de Néron :

> Pour toute ambition, pour vertu singulière,
> Il excelle à conduire un char dans la carrière,
> A disputer des prix indignes de ses mains,
> A se donner lui-même en spectacle aux Romains,
> A venir prodiguer sa voix sur un théâtre,
> A réciter des chants qu'il veut qu'on idolâtre.

Le dessous de notre soleil de bronze présente trois attaches ou bélières, dans lesquelles on remarque encore des fragments de cuir fort épais, ce qui indique que ce bronze doré servait à décorer soit un dossier de chaise ou de fauteuil à dossier de cuir, soit encore un panneau de voiture.

Le soleil, on le comprend, était fort à la mode chez la noblesse, qui désirait faire sa cour au maître des maîtres, en un mot, au *roi-soleil*.

Sous un amas de remblai, composé de terre et de plâtras d'une épaisseur de 2^m50, nous rencontrons une chambre de 3^m50 de largeur sur 5 mètres de longueur, carrelée en briques semblables, comme format, à celles employées de nos jours dans les constructions ; cette brique parlante nous apprend qu'elle appartient à la fin du XVIe ou au commencement du XVIIe siècle. Un de ses parements est solidement émaillé d'une couverte plombifère, composée d'émaux jaune, vert et brun, qui donnent au mélange un ton brun verdâtre, lequel se rencontre sur les carreaux historiés, que nous devons à la gracieuseté de notre excellent ami M. le docteur Bon.

Le parement opposé offre la marque du fabricant A F ; par l'émail, nous voyons que cette brique appartient bien à l'époque où l'Hôtel fut édifié. Elle est de fabrication Parisienne : disposée à plat dans le carrelage, elle présente l'usure que produit le piétinement réitéré des habitants de la chambre où nous la recueillîmes. (Nous conservons un échantillon de ce carrelage, produit du briquetier parisien).

Nous trouvons des échantillons de la poterie Gallo-Romaine, à plus de 6 mètres de profondeur au-dessous du remblai, un goulot d'amphore à anse, en terre jaune brique, de grande dimension, d'une contenance de 6 à 8 litres.

Nous recueillons une bague ou chevalière en cuivre, du commencement du XVIIe siècle : elle sort des mains du fondeur en bronze ; le chaton est un cachet qui offre une tête de lion à crinière hérissée et ondulée ; cette gravure en creux laisse à désirer au point de vue du dessin, le menton si caractéristique du fauve manque d'étude, la gravure décorative de l'anneau n'a pas été entreprise avant la perte de notre petit monument, témoin de la gravure du XVIIe siècle.

Un nombre considérable de monnaies est recueilli par les hommes employés aux travaux : Cinq Louis XIII enfant, cinq Louis XIV enfant, douze Louis XIV adulte ; une monnaie de Louis XIV présente, dans le champ, six L groupées par deux et surmontées de la couronne royale : entre chaque groupe une fleur de lis ; légende : *Louis XIIII roy de France et de Navarre*. Une autre présente huit L groupées par deux dans le champ, surmontées de

la couronne royale, entre chaque groupe une fleur de lis. Ce type
de monnaie se rencontre plus rarement que celui où figure la tête
du souverain. Puis, sont recueillies des monnaies de bronze à l'effigie de Gaston (1650), Henri de la Tour, duc de Bouillon (1613),
Marie s. de Dombes (1628), de Bourbon prince de Conti, prince de
Sedan (1613). Le revers d'un double de Sedan (1635) présente dans
le champ une forteresse, surmontée d'une grande fleur de lis, enveloppée de six fleurs de lis, plus petites que la première. Un jeton :
avers, figure de Louis XIV, d'une bonne exécution, légende :
Louis-le-Grand, roy de France; revers : dans le champ, un arc de
triomphe, sur lequel on remarque deux corps avancés, surmontés
de deux colonnes corinthiennes accouplées, le sommet du monument est décoré d'un balustre, au-dessous le mot *Janus*, l'ouverture de l'arc à plein cintre est fermée d'une porte à deux vantaux ;
sur un des battants on voit le trou d'une serrure, très exagérée
de grandeur ; autour du monument nous lisons : JEN AV.. LA CLEF.
Les angles de la plate-forme de l'arc sont flanqués d'une statue,
au-dessous la date de 1681. — Cette date de 1681 nous fait supposer que ce jeton a été frappé à l'occasion de l'entrée du roi,
accompagné de la reine, de monseigneur et d'une grande partie
de la noblesse de la cour dans la ville de Strasbourg (23 octobre
1681).

Le 12 septembre, nous trouvons une médaille à l'effigie du ministre cardinal de Richelieu, au fond d'un remblai de 8ᵐ50 de profondeur au-dessous du pavé de la rue Racine ; à l'avers, nous voyons
le cardinal représenté de profil avec la légende suivante : *Armand,
10, car. duc de Richelieu.* Revers : navire voguant sur une mer
agitée ; Légende fruste. Au-dessous du navire se voit le millésime
1636. Ce bronze fut frappé pour perpétuer (il y a lieu de le penser)
les services rendus dans cette année, si riche en événements poli-
tiques et faits de guerre, qui furent à l'avantage du roi, grâce à
l'énergie du ministre. Le cardinal persuada au roi de faire un
exemple, capable de vaincre le vent de révolte qui soufflait chez les
grands seigneurs. Le maréchal de Marillac fut condamné et exécuté
le 10 mai, et le duc de Montmorency fut de même condamné et
exécuté le 30 octobre 1636.

Dans le même sol, qui renfermait le jeton que nous venons de
mentionner, se rencontre un fragment de carreau en terre cuite,
qui présente en partie la figure en pied et en relief d'un habitant du

nouveau monde. On comprendra volontiers, à ce moment, l'apparition de ce genre de décor, si on veut bien se rappeler qu'on était pour ainsi dire au lendemain de la découverte de l'Amérique, et que le Pérou était fort à la mode. Du personnage décoratif il ne reste qu'une jambe nue ; l'extrémité supérieure et le ventre sont voilés par une ceinture de plumes, costume classique, comme on sait, lorsqu'il s'agissait de figurer un péruvien ; le pied gauche de la figure repose sur des eaux agitées, derrière la jambe un crocodile, marchant à droite ; une tête humaine décapitée se trouve près du pied de la figure nue ; nous avouons ne pas comprendre grand chose à la présence de la tête humaine. Cette terre cuite était scellée dans une muraille.

Le 7 septembre, le puisatier Boutrond rencontre une grosse bouteille en terre cuite, de forme absolument sphérique, avec un long col de 10 à 12 centimètres de diamètre. C'est à 8 ou 9 mètres au-dessous du niveau de la rue que cette magnifique poterie Gallo-Romaine, d'une contenance de 8 à 10 litres, en terre rouge brique, fut découverte, mais brisée malheureusement. Nous n'avons entre les mains que le long col de ce témoin de l'industrie de nos potiers Parisiens à l'époque Gallo-Romaine.

Les éclats ont été perdus dans les terres et chargés dans le tombereau, pour la décharge de la Glacière.

De beaux fragments de poterie, en terre sigillée, se remarquent en grande quantité sur ce point, ainsi que des goulots d'*urna* (fig. 2, 3, 4, 5 et 6), comme dans mes recherches rue Le Goff (1889-1890) ; on rencontre des épaves relatives aux besoins de la vie domestique, à la cuisine, à la parure des vêtements, aux usages militaires. Ce point du vieux Paris était donc affecté au dépôt des immondices de la ville.

Le même jour, 7 septembre, un puits de 12 mètres de profondeur, creusé par Boutrond, traverse le ciel d'une antique carrière à pierre calcaire, et nous permet de pénétrer dans des catacombes, où la galerie mesure 1^m20 de largeur sur 1^m80 de hauteur, sous voûte taillée dans la masse, qui semble se diriger vers le Boulevard Saint-Michel (puits 27).

A la reprise des travaux, le 16 octobre, à 10 mètres de profondeur au-dessous du niveau de la rue Racine, nous rencontrâmes quelques brouettées de tessons dans la couche Gallo-Romaine, qui mesurait 3 mètres d'épaisseur.

Ce même jour, dans les terres de remblais, contemporaines des XIV⁰ et XV⁰ siècles, nous recueillons deux méreaux en plomb appartenant au vieux Paris (1). On sait que les corporations des métiers, au moyen âge, avaient une monnaie de plomb, sorte de bon

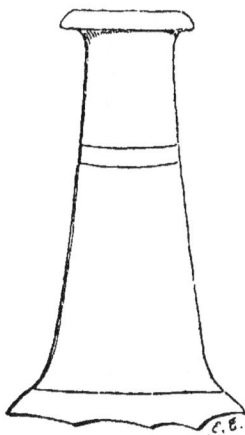

(Fig. 2).

(Fig. 3).

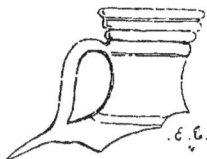

(Fig. 4).

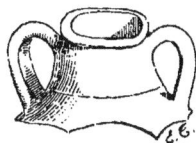

(Fig. 5).

Goulots d'*urna*.

(Fig. 6).

(1) A une faible distance de ces méreaux, se rencontrent un fragment d'écu de six francs en argent faux, à l'effigie de Louis XIV enfant, frappé en 1653 (environ), puis un autre écu de 3 francs faux ; c'est à croire que nous sommes en présence de l'atelier de faux monnayeurs ; puis nous recueillons encore quelques petites monnaies de cuivre de 1588 (doubles tournois) à l'effigie de Henri III ; enfin, un double tournois de 1627.

ou de reçu, qui nous initie aux coutumes des corporations parisiennes, il y a quelques siècles.

A l'époque où les méreaux étaient employés dans les transactions commerciales, le peuple, le bourgeois, la noblesse ne savaient lire que très rarement, encore moins écrire, et par cela, étaient incapables de tenir une comptabilité ; l'emploi de ces plombs historiés était général (son avers rappelait l'image du saint sous lequel se plaçait la corporation), et absolument approprié aux illettrés, aux commerçants, en un mot à tontes les professions.

Ce petit monument des siècles écoulés servait à certifier, à affirmer la présence d'un membre d'une société à une réunion générale. Il affirmait le travail, l'emploi du temps de tel ou tel fonctionnaire, lequel réunissait, à un moment donné, le total des méreaux reçus par lui, faisait régler son compte par le trésorier de la société à laquelle il appartenait : en un mot, il échangeait ses méreaux contre

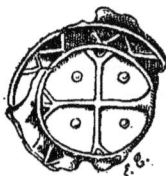

(Fig. 7). Méreau.

du numéraire à l'effigie royale. Il y avait aussi les méreaux ecclésiastiques, qui affirmaient la présence des fonctionnaires à l'église. Les apothicaires avaient saint Nicolas pour patron ; les archers, saint Sébastien. Les écuries du roi, la fourrière du roi, les offices du roi, les bâtiments du roi, la cuisine du roi, les offices de la maison de la reine, les écuries de la maison de la reine avaient également leurs méreaux, etc. Les deux méreaux recueillis par nous, rue Racine, se déterminent difficilement ; on ignore à quelle communauté ils appartiennent. Il serait difficile de dire à la perception de quel droit ces deux plombs ont été affectés : ils ne portent pas d'effigie, sont anonymes, et le premier est de la fin du XIVe siècle.

Le revers présente une croix pattée, cantonnée de quatre perles, bordée d'un double filet, dont le vide renferme un trait en relief, disposé en zigzag (fig. 7) ; revers fruste, anonyme. Ce méreau a été obtenu par le moulage. Le second, du XVe siècle, est richement

décoré et semble avoir été obtenu au moyen de la frappe ; la gravure en a été faite avec un soin tout particulier. L'avers représente
des ornements enveloppés de deux filets, entre lesquels se voit
encore une rangée de points très petits (fig. 8). Le revers présente
un carré divisé lui-même en quatre carrés égaux, renfermant chacun
une fleur de lis, le tout enveloppé de deux filets, entre lesquels
se voient des petites perles formant grènetis (fig. 9) ; ainsi que le
premier, ce méreau est anonyme.

L'emploi de cette monnaie de convention était tellement généra-
lisé que le clergé avait ses méreaux. On sait que prêtres et chantres
devaient être à l'église à des heures bien déterminées ; généralement, l'heure de l'arrivée au chœur ne dépassait pas, à la messe, le
Kyrie, ou, à l'office, la fin du 1er psaume. A la Sainte Chapelle, on
devait arriver, pour la messe, avant la fin de l'épître, et, pour matines

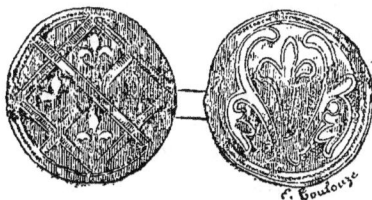

(Fig. 8 et 9). Méreaux.

et les heures, avant le *Gloria Patri.* Pour ces différents services on
imagina d'affirmer la présence du chanoine, du simple prêtre ou des
chantres par la remise d'un jeton de présence, qui était le méreau ;
il y avait aussi les méreaux des clercs (pour les élèves assistant à matines 1 denier, en 1579). Puis le méreau prime *none* (1). Le méreau
tierce, 6 deniers, devait appartenir à la cathédrale. Ce chiffre de
6 deniers ne convient guère qu'aux chanoines aux jours de grande
fête. Le méreau *sexte,* un méreau avec le mot *nonne* 1567. Un autre
avec le mot *complies* 1579 ; 4 deniers pour complies. Un autre, avec
le mot *Horæ* : celui-ci ne porte pas le chiffre de la rétribution
accordée. Un méreau avec le mot MISSA ; au revers et à l'avers,
la vierge avec son enfant nu et le chiffre VI, 6 deniers, pour la
messe seule, sont certainement une rétribution de grande fête.

(1) Tierce, Sexte et None étaient les parties les plus courtes de l'office, aussi prit-on
l'habitude de les appeler *petites heures.* — Tierce (troisième heure) se chantait à 9 heures ;
Sexte (la sixième heure) à midi ; None (la neuvième heure) de deux à trois heures du soir ;
Vêpres, Office du soir et Complies (clôture de l'office).

Voici un méreau double, MESSE VEPRES, chiffres romains VIII. DI. huit deniers parisis. Autre méreau semi-double, légende MERELLI AD SEMIDUPLU (M), c'est-à-dire méreau pour les semi-doubles. Enfin, pour finir, disons qu'il y avait encore des méreaux ecclésiastiques, portant les légendes suivantes : *Obits.* — *Ave regina.* — *Ave Maria.* — *Ave* — *gracia* — *plena.* — *Machicot.* Le machicot était un officier de Notre-Dame de Paris.

On voit que cette sorte de monnaie de plomb affirmait la présence du prêtre à ses fonctions sacerdotales, c'est-à-dire à toutes les cérémonies religieuses de jour ou de nuit.

Au moyen âge, dans les marchés ou foires, les gardiens ou receveurs délivraient des méreaux aux marchands, en signe d'acquit. Des méreaux étaient délivrés aux charretiers, voituriers, pour constater le paiement des droits de travers et de chaussées. Un méreau du XIIIᵉ siècle se charge du reste de venir affirmer son emploi, il porte la légende : AQVITE SVI (aquité ou acquité suis) que nous pouvons traduire par *quitte à quitte*.

Revenons à nos explorations dans le sol de la rue Racine. Le 17 octobre, les puisatiers Boyer et Château traversent la couche de remblai Gallo-Romain, que nous visitons et qui ne mesure pas moins de 3 mètres d'épaisseur. Nous y trouvons tous les types de la poterie Lutécienne des premiers siècles de notre ère.

Le remblai, relativement moderne, qui couvre les épaves antiques de 7 à 8 mètres de terre, recouvre aussi une ancienne sablonnière, où les anciens prenaient de la terre propre à la fabrication de la poterie. Au fond du remblai on trouve une couche de terre tufacée, d'un mètre d'épaisseur, qui précède le ciel des très anciennes carrières, que tout le monde connaît sous le nom de *Catacombes* : ces anciennes galeries souterraines sont donc à 14 mètres au-dessous des rues de ce quartier.

Le 18 octobre, les puisatiers Boyer Charles, Château, Dufaure, chef de chantier des puisatiers, et Boutrond recueillent des fragments de poteries antiques de toutes formes et de toutes couleurs, des ossements de porcs, de sangliers, de bœufs, de moutons, des cornes de chèvres, des hélices terrestres, une *ampulla* en terre jaune brique d'une grande capacité : elle mesure 0ᵐ65 de circonférence.

Cette grande poterie, qu'il convient mieux de nommer *urna*, à cause de sa destination dans la vie domestique, était une sorte de

11

cruche à une anse ou bouteille à col étroit, orné de moulures, et à corps très renflé, dans laquelle on allait chercher de l'eau à la fontaine ou au puits voisin, surtout aux puits, car ils ne manquaient pas à Paris. — Nos ancêtres, au commencement de notre ère, étaient de bons puisatiers-mineurs, si nous en jugeons par les puits que nous rencontrâmes sur toute l'étendue de la montagne Sainte-Geneviève.

Notre *urna* était munie d'une anse, solidement fixée au col et au flanc de la poterie, qui porte l'empreinte de la pression très apparente de l'épiderme des doigts du potier, pour fixer l'anse au col et à la périphérie du récipient.

Cette curieuse terre cuite appartient à la belle époque païenne, ainsi qu'un délicieux petit vase en terre rouge brique, couvert d'un

(Fig. 10).

vernis noir, qui se trouve dans le voisinage d'un squelette humain, disloqué en partie par le passage du puits. Ce type de poterie, rare, mais connu, a été rencontré par nous au Champ des sépultures païennes du boulevard de Port-Royal, de la rue Nicole et de la Maternité. Il est d'une finesse d'exécution vraiment admirable (fig. 10) ; les filets, les moulures, l'ensemble du petit monument sont d'une élégance remarquable. Ce type caractérise la poterie des premiers siècles de notre ère : il mesure 0^m07 de hauteur : il est, on le voit, bien petit, bien mignon ; c'est presque un jouet d'enfant.

Nous trouvons, dans son voisinage, l'*annulus* antique, avec quelques monnaies, dont nous parlerons dans un instant. Le diamètre de notre anneau est de 22 millimètres ; il est d'une légèreté inattendue, sa conservation est parfaite ; nous ignorons sa composition, il n'est pas en métal, et il donne au toucher une sensation douce, comme savonneuse.

Nous sommes certainement en présence d'un dépôt d'immondices, composé, ainsi que ceux explorés par nous seulement (et cela avec l'autorisation fort gracieuse du propriétaire du sol, M. Gabriel Pasquier, l'architecte bien connu à Paris), rue Le Goff, rue Malebranche, rue Gay-Lussac et rue du Cardinal Lemoine ; ces dépôts et celui qui fut découvert par Grivaud de la Vincelle, en 1807, semblent nous indiquer l'ancien périmètre de la Lutèce Gallo-Romaine, c'est-à-dire aux trois premiers siècles de notre ère.

Les quelques monnaies romaines recueillies dans cette fouille, jusqu'à ce jour, en compagnie des épaves que nous venons de décrire, appartiennent à la belle époque de la gravure en creux : un petit bronze, à l'avers une tête laurée, regardant à droite ; devant le visage CÆSAR, derrière l'occipital IMP. ; au revers, l'aigle couvrant le champ de la pièce et surmonté du nom AVGVSTVS. La gravure de l'aigle est remarquable d'exécution et d'une conservation fort belle ; 2º ANTONINVS AVGVSTVS. P. P. CONS. III. 3º IMP. CAES. DIVI. VESP. F. DOMITIAN. AVG. P. M. ; au revers, figure debout, casquée avec cimier. Cette figure, qui représente Minerve, vêtue de la *palla*, a le bras gauche armé du *parma*, dont nous voyons la partie intérieure munie de poignées, dans lesquelles l'avant-bras de la déesse est passé. On sait que ce genre de bouclier, de forme circulaire, était l'arme défensive des troupes romaines armées à la légère (*velites*) et de la cavalerie (*equites*) : son diamètre était de 0m90. La conservation de ce bronze est admirable dans tous ses détails ; 4º à l'avers de ce bronze : JVLIA MAMEA. AVGVSTA (mère d'Alexandre Sévère) ; au revers, figure de femme debout, la main droite armée du caducée, le bras gauche appuyé sur une colonne, autour : FELICITAS PUBLICA ; 5º Constance ; 6º IMP. CAES. MARC. POSTVMVS PATER. FELIX. AVGVSTVS. Ce *Postumus*, grand bronze, est d'assez bonne conservation ; toutes ces monnaies ont été trouvées dans les terres provenant de la décomposition d'immondices ; on voit qu'elles appartiennent aux trois premiers siècles de notre ère.

Le 18 octobre, nous rencontrons un fragment de coupe en terre sigillée, portant le *sigillum* (OFIO), une monnaie à l'effigie d'Antonin, qui porte la trace très apparente du feu. Une petite monnaie, à l'effigie de Postumus : avers, IMP. C. POSTVMVS. P. F. AVG.;

au revers : une figure de la victoire marchant à gauche, élevant de la main droite au-dessus de sa tête une couronne. Cette figure, d'une fort mauvaise exécution, est ailée et vêtue de la *palla* à jupe flottante ; en bordure du grènetis, nous lisons les deux mots : VICTORIA AVG. Auprès de cette monnaie, bien conservée, nous rencontrons un beau et grand fragment de *catinum* en terre sigillée, avec la marque de l'officine OF. CRESTIO, c'est-à-dire que cette terre cuite a été fabriquée dans l'*officina*, officine ou atelier de *Crestio*.

Au milieu de la quantité considérable de monnaies de cuivre que nous recueillons dans la couche supérieure du remblai, nous trouvons quelques jetons ou *jetoirs*. On sait que c'est des procédés primitifs et grossiers de l'emploi des petits cailloux (*calculus*) pour compter qu'est né le système de numération chiffrée. En France, l'usage de calculer avec des *jetoirs* ou *jetons* s'est conservé fort tard, ainsi que dans toute l'Europe.

Le petit caillou fut un jour remplacé par le *jeton*, mot qui vient certainement du verbe *jeter*. Ainsi, à la Chambre des Comptes, chaque auditeur ou conseiller avait une certaine quantité de jetons, et, suivant attentivement la lecture faite devant lui, exprimait les nombres, en déposant ou jetant devant lui les jetons contenus dans une bourse spéciale, puis à la fin il *déjetait*, c'est-à-dire qu'il additionnait les jetoirs ou jetons.

Ces jetons portaient des devises, des exhortations à l'honneur, à la loyauté. Les jetons invitaient les financiers ou les magistrats à veiller à une bonne besogne ; ainsi celui que nous venons de rencontrer dans nos recherches porte : GARDEZ - VOVS DES ME-COMPTES ; d'autres portent : ENTENDEZ BIEN LOYAUMENT AUX COMPTES ; d'autres jetons des XVe et XVIe siècles : VIVE LE ROI, VIVE LE ROI, puis encore : VIVE LE BON ROI DE FRANCE. Un jeton en cuivre jaune, d'une conservation superbe, à l'effigie de Louis XIII. G. F. R. ET NAV. REX ; au revers : J. E. C. T. DE. LA. CHAMBRE. DES. COMPTES. DE. BAS. ECU DE FRANCE, deux grands poissons adossés dans le champ. 1656. Une variété porte, autour de l'écu royal : CHAMBRE AVX DENIERS — 1614. Un autre jeton, qui concerne les mariniers de la Loire, présente, dans le champ, un vieillard nu à grande barbe, qui représente un fleuve tourné vers lui, mais dans l'attitude d'un homme en marche.

Le *calculator*, chez les Romains, comptait avec des petites pierres, des petits cailloux (*calculus*). C'est encore avec des petits cailloux

que l'on votait ; le votant déposait un caillou noir, s'il voulait con-
damner ; s'il voulait absoudre, il déposait un caillou blanc dans
l'urne.

Le 22 octobre, dans le puits n° 25, nous recueillons un beau vase
en terre, presque noire, de 0ᵐ15 de hauteur (fig. 11) : nous trouvons
les restes de la nourriture déposée près du mort, par la famille sou-
cieuse du bien-être du regretté parent au moment de la résurrection.

Au fond du vase se trouvent deux monnaies de naulage, d'un
petit diamètre, à l'effigie d'HADRIANVS (argent et bronze). Ces
deux monnaies, on le sait, devaient payer le passage du Styx. Puis,
dans les terres contenues dans le vase, nous reconnûmes les osse-

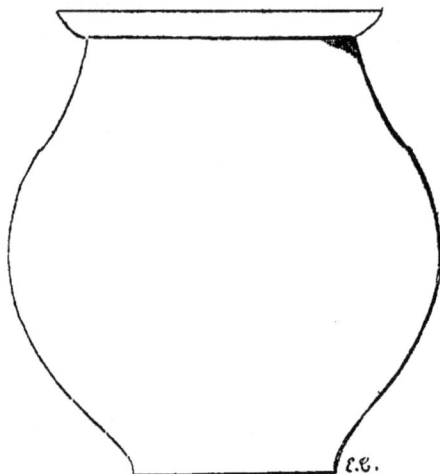

(Fig. 11).

ments d'un petit chat ; les omoplates de ce jeune carnassier sont en
très bonne conservation et le distingué vétérinaire M. Lermat,
semble pouvoir affirmer, avec nous, que ces restes de cuisine appartiennent à un jeune chat.

Ce genre de cuisine ne saurait surprendre le lecteur, lorsqu'il ap-
prendra que le loir, les moules de rivière, entraient dans la même
cuisine Gallo-Romaine. Cette sépulture Gallo-Romaine, découverte
sur ce point, se trouvait au-dessous de la couche de remblai, composant la voirie qui appartient très probablement au IIIᵉ siècle.

Dans le voisinage, très proche, du squelette, reposaient les ossements d'un chien de taille moyenne, dont la tête touchait pour ainsi dire le vase contenant la fricassée, composée d'un jeune chat. Ce chien, ainsi inhumé, ferait supposer volontiers qu'il avait été déposé près de son maître, de façon à ce qu'il fît avec lui le grand voyage.

La preuve de l'affection de l'homme pour le chien n'est pas nouvelle; elle ne date pas seulement de nos jours, nous allons en donner un exemple, auquel certainement le lecteur ne s'attend pas : nous écrivions, le 8 mars 1890, dans le journal L'Estafette : « Dans une couche de sable grossier et de limon d'atterrissement, déposée par les débordements de la Seine, nous venons de reconnaître, en face de la maison de retraite des vieillards, à Ivry, un Champ de sépultures uniques, je crois, affecté à l'inhumation des chiens appartenant à différentes races, et de toutes les tailles.

« Les squelettes reposaient dans des fosses variant de 1m40 à 2 mètres de profondeur; les tranchées ou fosses avaient été pratiquées avec le plus grand soin, et remblayées avec une terre végétale passée au crible; la finesse de la terre semble bien affirmer le culte avec lequel ces animaux avaient été inhumés par leur possesseur.

« La coutume de déposer des vases funéraires auprès des morts remonte à une haute antiquité dans notre pays; ces vases étaient l'expression d'une idée religieuse, et souvent ceux qui servaient aux usages domestiques de la famille ou du mort en remplissaient le but.

« Ici, rien de semblable, rien de religieux, nous ne le pensons pas; les vases déposés près des chiens parodiaient très probablement la coutume du moment, qui était de déposer auprès des restes humains des poteries décorées de flammules rouges.

« Auprès de chaque squelette (25 environ), nous rencontrâmes une poterie en terre de grès, sans anses, absolument semblable comme forme à la céramique parisienne des XIIIe et XIVe siècles. Celles trouvées dans ce Cimetière étaient d'une contenance de un litre cinquante centilitres à deux litres, mais ne portaient aucune peinture à l'intérieur du vase.

« Le culte des personnes qui inhumèrent tous ces carnassiers ne doit nous surprendre que médiocrement, si nous réfléchissons que, non contents de s'en faire des gardiens fidèles, les hommes les ont associés fort souvent à leurs exploits guerriers, à la chasse

du petit gibier, chargé d'alimenter la cuisine domestique, à leur défense contre les fauves.

L'homme doit une grande reconnaissance au chien, qui l'a aidé
certainement, aux temps préhistoriques, à triompher de ses ennemis
naturels, qui, sans son secours, l'eussent peut-être détruit et fait disparaître de la terre. Chez tous les peuples, le chien a été de tous

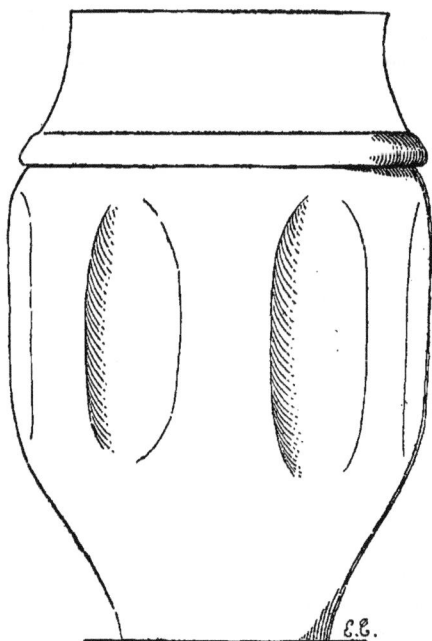

(Fig. 12).

temps considéré comme un animal précieux pour sa fidélité et son
dévouement à l'homme.

« Il y a 2.000 ans, les chiens jouaient un grand rôle comme
auxiliaires dans les armées gauloises. Au moyen âge, ne voit-on pas
assister à de grandes batailles des chiens écossais, qui se distinguè-
rent dans la mêlée ? Suivant le savant suédois *Olaüs magnus*, les
Finlandais dressaient des chiens à combattre la cavalerie et à sauter
au nez des chevaux.

Suivant une peinture découverte à *Herculanum*, nous voyons que les chiens qui devaient chasser les bêtes féroces portaient un collier (*millius* chez les Romains), fait en cuir, armé de pointes de fer saillantes, de 3 à 4 centimètres de longueur, afin que la gorge fût protégée contre les dents de leurs terribles adversaires.

Enfin, nous n'apprendrons à personne que chez tous les peuples il a été l'ami de l'homme. Nous pensons que le jour des grandes luttes venu, ces auxiliaires des armées modernes viendront concourir à la défense de la patrie et rendre les plus réels services.

Mais, revenons à nos recherches dans le sous-sol de l'Hôtel de Condé.

Un coup de pioche malheureux fait éclater en morceaux un fort joli vase en terre, sorte de grès, à couverte noire, très brillante; les

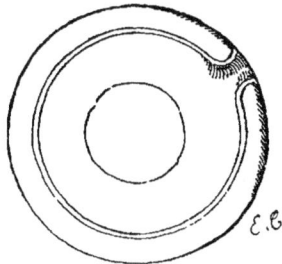

(Fig. 13).

flancs de cette poterie présentent six dépressions (fig. 12); elle mesure 0^m18 de hauteur.

Un autre vase à dépression, de 0^m10 de hauteur, se rencontre avec une sorte de grand *catinum* en terre jaune brique, offrant la forme de nos terrines vulgaires, à émail jaune. Cette poterie Gallo-Romaine est munie d'un bec, pour permettre de verser plus commodément le liquide qu'elle pouvait contenir; des cercles concentriques très saillants décorent la partie extérieure de ce grand récipient, d'un usage domestique journalier dans toutes les maisons (fig. 13); il mesure 0^m33 de diamètre.

Nous trouvons un goulot de bouteille ou *urna* en terre, bien préparée, très fine, bien cuite, d'une dureté remarquable; il ne nous semble pas qu'on puisse donner une préparation meilleure à nos terres modernes (fig. 14).

La partie extérieure de ce récipient présente encore quelques parties d'un enduit ou émail mat, qui manquait de fusibilité et par cela même s'opposait à la transparence de la couverte ; mais une particularité fort belle, au point de vue décoratif de la poterie, frappe notre attention : c'est que cet enduit ou couverte contient une quantité considérable de mica, qui donnait à notre poterie le jaune d'or avec un éclat métalloïde. Nous ignorons si le manque de fondant de cet émail était intentionnel et voulu par le chimiste. On sait que le mica est abondamment répandu dans tous les terrains, principalement dans les sables, les grès ; il est employé à différents usages. On voit que les anciens savaient l'appliquer avec succès

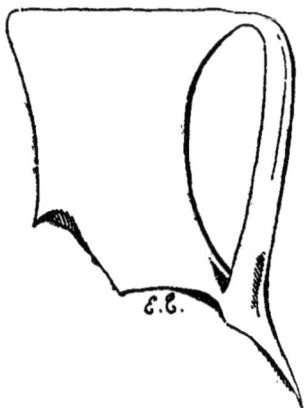 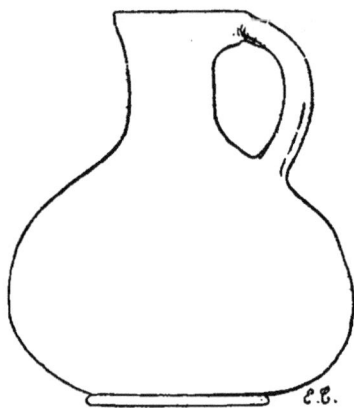

(Fig. 14).   (Fig. 15).

dans la décoration de la belle céramique ; ici, il figurait comme couverte sur une grande bouteille ; maintenant, nous le voyons figurer dans la décoration d'une petite *ampulla* en terre, de 0^{m}12 de hauteur, d'une fort belle conservation (fig. 15), qui se trouvait dans le voisinage du goulot de l'*urna* dont nous venons de parler ; cette petite bouteille diffère sensiblement des types similaires recueillis par nous dans nos fouilles parisiennes. Celle-ci présente une assise, une base d'un diamètre bien supérieur à celle constatée jusqu'à ce jour ; l'élégance, cette fois, a été sacrifiée à l'utile.

Nous trouvons encore de délicieuses petites poteries, d'une forme absolument gracieuse, en terre rouge, couverte d'un vernis noir ; ces petits bijoux de l'art du potier sont d'une fort belle conservation (fig. 16, 17, 18, 19 et 20). Nous devons admirer la finesse de la terre de ces petits vases et leur exécution parfaite, si délicate, des filets qui décorent les bords supérieurs de toutes ces terres cuites. Nos potiers modernes ne surpasseraient pas la pureté d'exécution des potiers antiques.

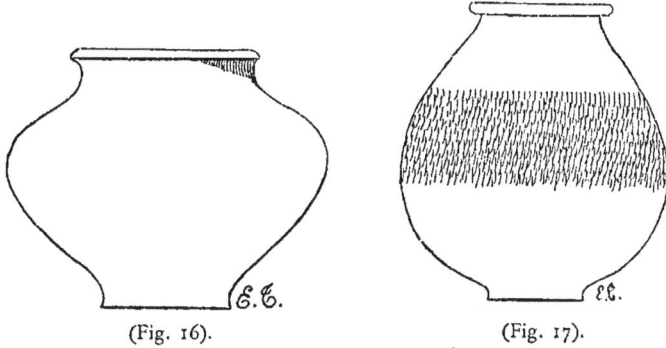

(Fig. 16). (Fig. 17).

Nous recueillons un petit cube de pierre calcaire, qui présente une rainure centrale, autour de laquelle on pouvait fixer un cordon, une ficelle ; suspendu, il pouvait remplir l'emploi du *perpendiculum* de bronze, dont il est le contemporain ; puis, de nombreux

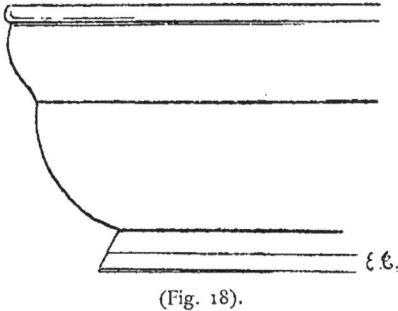

(Fig. 18).

fragments de poteries sigillées, décorées de reliefs (fig. 21, 22, 23, 24, 25 et 26), très décoratifs ; fragment d'*œnochoé* (fig. 27) ; *sigillum* (fig. 28).

Un burin de 0^m46 de longueur sur 0^m03 de largeur se rencontre au fond de la fouille. Cet outil, dont l'emploi était de percer des

Ɛ.Ɛ.

(Fig. 19).

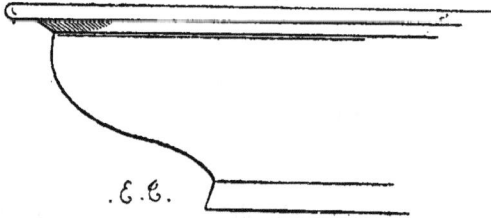

.Ɛ.Ɛ.

(Fig. 20).

(Fig. 21).

trous de grandes profondeurs dans la pierre, a toujours été indispensable aux tailleurs de pierres, aux maçons, aux serruriers.

La partie supérieure de notre burin est fort émoussée et accuse

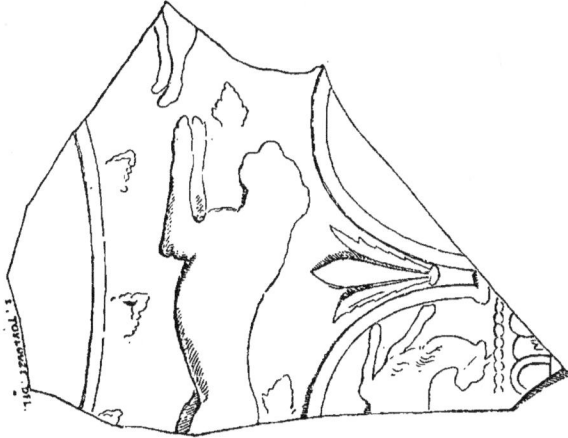

(Fig. 22).

son emploi fréquent, avant son abandon sur le point où nous le trouvâmes. Cette sorte de ciseau à froid, plat, de quinze milli-

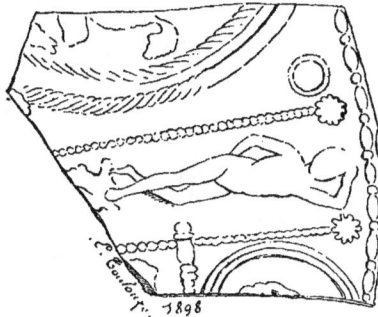

(Fig. 23).

mètres d'épaisseur, était précieux pour creuser une roche, pour pratiquer des mortaises dans la pierre la plus dure, couper du fer ; ce burin est d'une fort belle conservation.

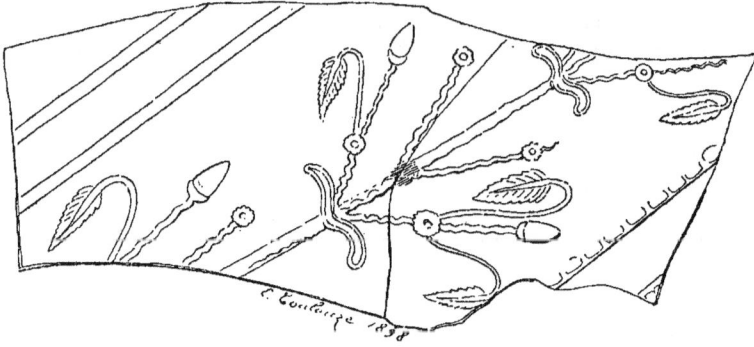

(Fig. 24).

(Fig. 25).

Nous trouvons une grande poterie en terre rouge avec couverte grise, sorte d'*olla*, de 0^m20 de hauteur, avec ouverture de 0^m16. Ce genre de poterie, aux flancs très bombés, servait à beaucoup d'usages, surtout à cuire des légumes, de la viande, a remplir l'office de nos vulgaires marmites en terre ou en fer, à préparer en un mot le pot-au-feu que les Gallo-Romains connaissaient depuis longtemps déjà.

Nous trouvons un beau fragment de lampe monolychne en terre rouge brique (fig. 29), puis de beaux morceaux de poterie sigillée et

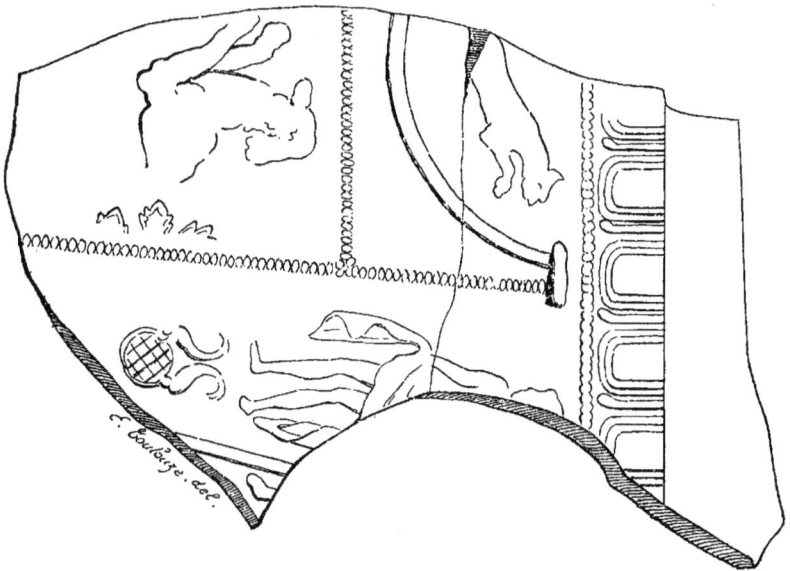

(Fig. 26).

le *sigillum* suivant : (OF. IO) TAP. Ce dernier présente, à la partie inférieure de la coupe, un graffiti, exécuté au moyen d'une pointe de fer bien trempée, mais dirigée d'une main inhabile, celle très probablement du possesseur du vase ; voulant obtenir de suite la gravure qu'il désire inciser sur la terre cuite, il trace fortement, la pointe lui échappe et il produit une déchirure de l'émail ; nous pouvons induire de cette mauvaise exécution que notre graveur improvisé ne savait manier la pointe sèche, encore moins le burin : (N. VII), marque imprimée dans la terre cuite.

Ici, comme rue Le Goff et rue Gay-Lussac, nous trouvons, au milieu des objets Gallo-Romains, des silex travaillés à l'époque néolithique.

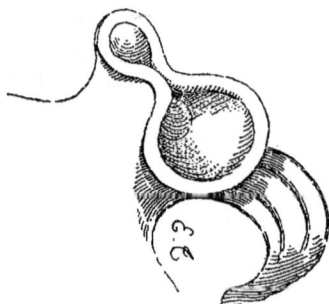

(Fig. 27).

Cela semble affirmer, une fois de plus, ce que nous disions en 1890, à savoir : que les armes aussi bien que les ustensiles domes-

(Fig. 28).

tiques en silex étaient, aux temps des Gallo-Romains, encore en usage, simultanément avec les objets en métal.

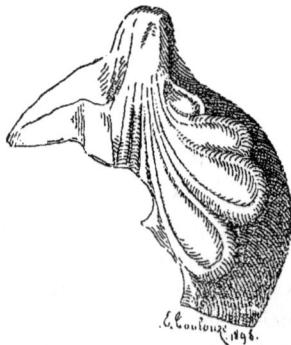

(Fig. 29).

La pièce la plus utile que nous rencontrons, et qui avait son emploi dans la famille, est une sorte de grosse molette, dont l'usage était de broyer; elle était d'un maniement commode et devait être précieuse pour écraser les condiments employés dans la cuisine Gallo-Romaine, broyer des graines, pétrir la pâte obtenue avec la farine de froment et donner la dernière façon au gâteau. De forme presque sphérique, elle est légèrement aplatie vers un de ses pôles (fig. 30).

Au fond du puits n° 9, nous trouvons une très petite lampe monolychne, en terre jaune brique, d'une très faible capacité, — le diamètre est de 0m045 (fig. 31)— de forme circulaire. Elle est munie d'une anse, percée d'un trou formant bélière; une ouverture unique vers le centre du disque permettait d'y verser la matière combustible et d'y introduire une mèche; en un mot, elle n'a pas le bec que nous voyons sur toutes les lampes antiques, recueillies par nous dans le sol parisien. Dans son voisinage, nous trouvons une sorte de bouteille en terre jaune brique, à panse allongée et à long

(Fig. 30).

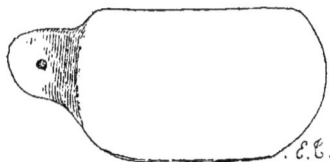

(Fig. 31).

goulot, forme très répandue chez les Egyptiens et les Grecs (fig. 32). Nous recueillons un goulot tréflé, provenant d'une œnochoé, en terre grise.

Le 16 novembre, nous descendons dans le puits n° 14, au-dessous du remblai, et, sur le terrain tufacé, nous reconnaissons une fosse, dans laquelle le squelette est placé perpendiculairement à la rue Racine, et à 7m50 au-dessous du niveau de la rue. Le travail des puisatiers, la sécurité des travailleurs s'opposent à des investigations plus étendues sur ce point; nous constatons seulement la présence des ossements appartenant à un métatarse. Cette sépulture est la 7me que nous rencontrons; toutes étaient placées à une faible distance de la rue Racine et rangées parallèlement à quelques mètres de cette rue.

Nous recueillons dans les terres de cette sépulture une boucle de ceinturon ou, dans tous les cas, un bijou appartenant au costume du mort. L'anneau, enveloppant l'ardillon en fer qui est brisé est en

cuivre rouge ; la partie de cette boucle qui reliait notre petit monument à la ceinture est formée d'une plaque de cuivre, dont les
deux extrémités se rapprochent et sont fixées au moyen de trois
rivets de forme sphérique, d'un diamètre de 0ᵐ003 ; deux de ces
rivets restent seuls formant saillie, au-dessus de la plaque de fixa-

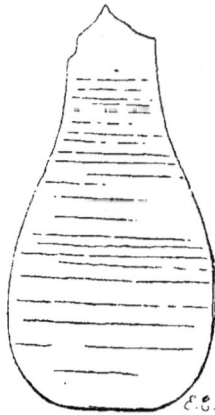

(Fig. 32).

tion, qui a été solidement dorée : aujourd'hui encore la trace de la
dorure est très apparente.

Ce bijou semble nous apprendre que nous fouillons la sépulture d'un Gallo-Romain, de la classe aisée (fig. 33).

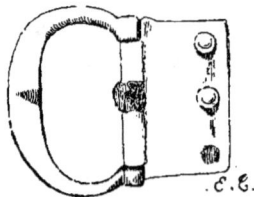

(Fig. 33).

L'écartement normal des deux plaques chargées de saisir la ceinture est de 2 à 3 millimètres. L'intervalle que nous constatons entre
les deux plaques paraît indiquer l'épaisseur moyenne du cuir, qui
composait, il y a lieu de le croire, la ceinture du Gallo-Romain
inhumé ici, il y a dix-huit siècles environ.

12

Nous trouvons un clou en fer, qui servait à joindre les planches du cercueil, dont il ne reste plus trace (fig. 34).

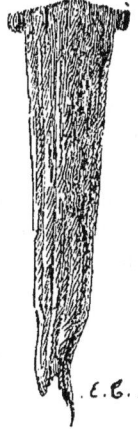

(Fig. 34).

Nous trouvons un petit récipient en verre de forme circulaire (fig. 35), fermé complètement, sauf à sa partie supérieure, où il pré-

(Fig. 35).

sente une ouverture de 2 millimètres; nous ignorons son usage.

Non loin de ce dernier objet, nous recueillons une perle de terre

(Fig. 36).

blanche émaillée d'une couverte verte, présentant des côtes assez semblables à celles du cucurbitacé comestible (fig. 36).

Il n'y a plus le moindre doute, nous venons de découvrir un Champ de sépultures appartenant à l'Époque païenne. Notre dépôt d'immondices recouvre les restes d'un ancien Cimetière appartenant aux Ier et IIe siècles; nous voyons, par les monnaies recueillies (puits 25) à l'effigie d'*Hadrien*, qu'il y a des probabilités pour que cette fosse appartienne au commencement du IIe siècle. Ce Champ de sépultures, par les objets recueillis, semble être tout au moins contemporain, sinon plus ancien que le Champ de sépultures de la rue St-Jacques, rue Nicole, où nous rencontrâmes, en compagnie de MM. Broca, Roland Bonaparte, du ministre Bardou, du directeur du Val-de-Grâce, de M. Landau, propriétaire du sol, des monnaies à l'effigie de *Postumus*. Nous voilà au IIIe siècle. Ici, rue Racine, quelques monnaies d'*Antonin* et de *Faustine* furent trouvées aux mêmes profondeurs que celles d'*Adrien*. Nous ne pouvons certainement être affirmatif sur le seul témoignage des monnaies; mais il y a de fortes présomptions pour que ces sépultures appartiennent aux Ier et au IIe siècles, puisque nous les trouvons sur ce même terrain affecté aux sépultures, transformé en dépôt d'immondices au IIIe siècle, ainsi que l'affirment les poteries brisées recueillies à 1 mètre ou 1m50 au-dessus du niveau des sépultures.

Enfin, il ressort de nos investigations que ce point du vieux Paris a été un Champ de sépultures à l'époque païenne, puis postérieurement un dépôt d'immondices, appartenant certainement à l'époque Gallo-Romaine, ainsi que l'affirment les objets que nous y avons recueillis.

On sait le respect que nos ancêtres avaient pour les morts, il n'est pas douteux que, le jour où ce terrain recevait les immondices de Lutèce, il y avait longtemps déjà qu'il était désaffecté de sa destination première, et que le souvenir même de ce Champ de repos était perdu des habitants de la ville.

Le 8 décembre, à 11 mètres de profondeur, dans le puits n° 9, dans le banc de calcaire, nous reconnaissons une sorte de niche taillée dans la masse; cette cavité semble avoir été une cachette ou un abri contre la pluie pour les carriers qui travaillaient à ciel ouvert, car nous croyons que cette partie du sol a été exploitée pour sa pierre, très propre à la construction, et qu'après les travaux d'exploitation cette cavité fut convertie en décharge publique, recevant les immondices de cette partie de Lutèce. En effet, dans ce remblai antique, nous recueillîmes: un fragment de col de *cadus* ou

lagena d'une capacité extraordinaire, l'ouverture de ce grand réci
pient mesure 0ᵐ19 de diamètre d'ouverture, et l'épaisseur de la
terre est de 0ᵐ02; un col d'*œnochoé*, plusieurs cols de *diota*, de 10
à 12 centimètres de diamètre; une grande terrine avec bec ou
égouttoir, cet ustensile de cuisine, indispensable aux ménagères,
mesure 0ᵐ32 de diamètre; un *catinum* de grande dimension, qui
servait à faire la cuisine, et d'un fort beau profil de 0ᵐ23 de diamètre en terre grise (fig. 37); enfin un petit pot, très mignon de
forme et de grandeur, sorte de jouet d'enfants; il mesure 0ᵐ06 de
hauteur et 0ᵐ07 de diamètre. Au milieu de ces objets, appartenant
à la cuisine Gallo-Romaine, se trouvent des mâchoires, des omoplates, des pieds de cochon, des os de la tête et des défenses de
sanglier, des cornes de chèvres et de divers animaux, des ossements de moutons, des os longs de bœufs, des déchets de terre

(Fig. 37).

cuite émaillée provenant d'un atelier de potier, des petits fragments
de verre, des os travaillés, des fragments de poterie sigillée.

Dans ce même puits, à 5 mètres de profondeur, dans le remblai
du XVᵉ siècle, nous rencontrons une aiguière émaillée d'un vernis
plombifère jaune; la contenance de ce grand récipient n'est que de
50 centilitres (fig. 38), cela tient à ce que le goulot et la base très
allongés sont aussi fort étroits; la hauteur de ce petit monument,
témoin de l'art du potier au XVᵉ siècle, mesure 0ᵐ26 de hauteur et
0ᵐ11 de largeur à sa partie sphérique. La base, très large, indique
que le potier a voulu donner plus d'aplomb au récipient, dont l'emploi était de contenir des boissons servies aux repas bourgeois ou
au cabaret, comme du vin, de la bière, du cidre, de l'hippocras,
de l'hydromel, boisson délicieuse, fort appréciée au moyen âge,
possédant plusieurs des qualités des vins d'Espagne et d'Italie, qui
n'est autre que le *mélicraton* des Egyptiens et des Grecs. On peut

confondre facilement l'hydromel (1) avec les meilleurs vins mus-
cats, dont nos ancêtres étaient très friands.

Enfin, au fond du puits, dans les terres tufacées, nous recueillons
une belle lampe en terre rouge (fig. 39), couverte d'un calcin, qui
empâte le sujet décoratif que nous voyons au centre du disque;
cette petite lampe monolychne est sans anse. Notre petit ustensile
indispensable dans la vie domestique, est le troisième que nous rencontrons dans cette fouille, si fructueuse en témoins de l'époque

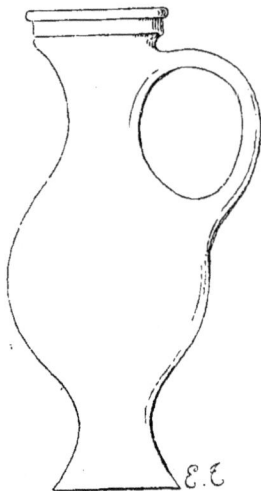

(Fig. 38).

(1) Nous avons été à même de goûter à cette boisson délicieuse, si parfumée, si douce
au palais. Cette boisson, que nous eûmes le plaisir de déguster, était due aux recherches de
notre ami et collaborateur de fouilles, M. Bergeron-Champonaire, de Moret (Seine-et-
Marne). Ce breuvage fait de miel et d'eau, l'*hydromel vineux* se prépare en faisant fondre à
chaud une partie de miel dans trois parties d'eau, et en prolongeant l'ébullition jusqu'à ce
que la dissolution soit assez épaisse pour faire flotter un œuf. Refroidie, filtrée, et abandonnée, dans un vase ouvert, à la fermentation (qui est longue), qui s'établit au bout de
quelques jours, et qui se prolonge pendant deux ou trois mois, il en résulte une boisson
transparente, et plus ou moins colorée. Cette boisson, si délicieuse, paraît avoir été la boisson
de prédilection des peuples de la haute antiquité. Columelle consacre une grande partie de
son douzième livre à traiter des procédés dont les Romains se servaient pour la préparation
de cette boisson favorite. Il serait possible de fabriquer l'hydromel vineux, en mêlant le sirop
de miel épuré avec moitié de son poids de vin blanc agréable et un dixième du mélange
d'alcool à 36 degrés.

Gallo-Romaine. Nous trouvons quelques tuiles romaines, que nous transportons dans notre collection (fig. 40).

(Fig. 39).

Nous rappellerons à nos lecteurs que cette Voirie Romaine est la cinquième découverte par nous dans l'ancien sol Parisien : 1° rue du

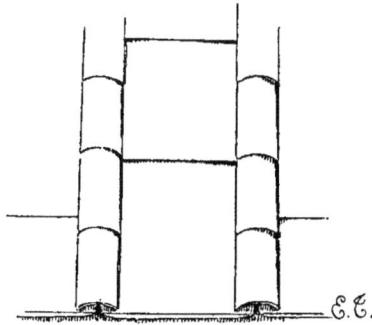

(Fig. 40).

cardinal Lemoine, 2° rue de l'Estrapade, 3° rue Gay Lussac et rue Le Goff, 4° rue Malebranche, et 5° rue Racine.

Toutes ces Voiries étaient situées à quelques mètres seulement (*extrà muros*) des murailles dites de Philippe-Auguste. Elles semblent bien nous indiquer le périmètre de Lutèce (rive gauche), au temps de l'occupation Romaine.

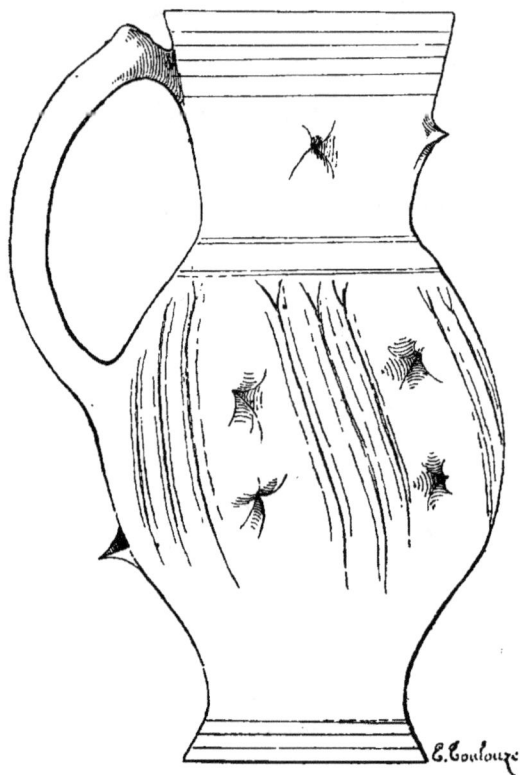

(Fig. 41).

Pour clore nos recherches, nous recueillons, dans le remblai d'un puisard, un magnifique pichet, de la contenance de 1 litre 50 centilitres, fort bien tourné et décoré d'appliques en terre cuite à la partie supérieure. Ces bandes de terre sont placées parallèlement dans la diagonale et par groupes de 3 et 4, d'un faible relief ; puis, sur l'ensemble de la poterie nous remarquons des cônes à pointes aiguës, formant comme une défense assez semblable à celle des épines sur le rosier ; ces reliefs mesurent de 5 à 6 millimètres de saillie et ne se rencontrent pas souvent dans la décoration de la poterie du moyen âge.

La partie supérieure et la partie sphérique sont décorées partiellement d'un émail jaune ; l'anse est teintée par un émail plombifère vert (fig. 41).

Ici, s'arrêtent nos recherches archéologiques. Nous devons, à notre grand regret, renoncer à poursuivre nos investigations sur ce point, qui nous a déjà révélé une partie de ses secrets: Cimetière païen, inconnu jusqu'à ce jour; Voirie romaine, qui témoigne, avec nos découvertes précédentes, de l'ancien périmètre de Lutèce, aux premiers siècles de notre ère ; poteries à l'usage domestique, monnaies romaines et du moyen âge, méreaux, jetons, etc., etc.

Eug. TOULOUZE.

PLAN DE LA FOUILLE DE LA RUE RACINE

Légende des Puits

(Échelle 3 millim. 1/3 p. 1ᵐ).

Puits nᵒ 1 *Amphora*, poteries romaines à 7 et 8 mètres de profondeur.
nᵒ 2 Tuiles romaines à 6ᵐ 50, sépulture à 7 et 8 mètres.
nᵒ 3 Poteries sigillées, tuiles à 6 et 7 mètres.
nᵒ 4 Briques du XVIIᵉ siècle, jetons, monnaies françaises, méreaux, soleil en bronze doré.
nᵒ 5 Fragments de poteries romaines à 6 et 7 mètres.
nᵒ 6 id. de 6 et 8 mètres.
nᵒ 7 id. id.
nᵒ 8 Tuiles à 6 et 8 mètres.
nᵒ 9 Poteries romaines à 6 et 7 mètres, lampe en terre jaune.
nᵒ 10 Fragments de poteries romaines, ossements d'animaux, déchets de cuisine.
nᵒ 11 Fragments de poteries romaines, ossements d'animaux, déchets de cuisine.
nᵒ 15 Poteries romaines à 5 et 6 mètres.
nᵒ 16 Tuiles romaines à 6, 7 et 8 mètres.
nᵒ 19 Poteries romaines à 5 et 6 mètres, sépulture à 7ᵐ 50.
nᵒ 24 id. id. id.
nᵒ 25 id. à 7 mètres, sépulture et son mobilier funéraire.

Puits n° 27 Silex taillé, perle en pâte émaillée.

    n° 28 Meule gallo-romaine et poterie à 9 mètres.

    n° 30 Poteries romaines à 7 et 8 mètres.

    n° 31   id.   id.

    n° 42 Fragments de poteries romaines, sépultures à 7 8 et 9 mètres.

       o Puits d'accès dans les catacombes.

    n° 20 Fragment de lampe rouge brique, sépulture.

    n° 21 Sépulture, grande *urna* gallo-romaine.

    n° 14 Sépulture, silex taillés et polis, perle, boucle de bronze, coupe en
          terre sigillée.

    n° 34 Poterie sigillée de 4 à 6 mètres.

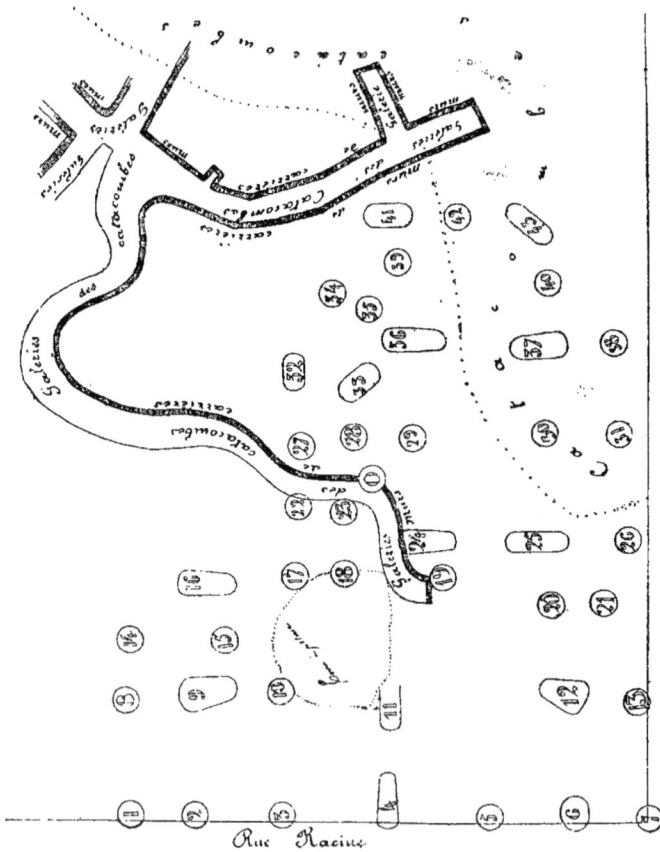